Mosaik bei
GOLDMANN

Buch

Die Natur- und Mondrhythmen bestimmen den günstigsten Zeitpunkt, wenn man die Wohnung renovieren, ein Haus bauen oder mit Holz arbeiten will. Der Ratgeber hilft auch dem Laien bei der Umsetzung im Alltag. So kann jede Tätigkeit beim Hausbau und beim Heimwerken Gesundheit und Wohlbefinden steigern. Das erfolgreiche Autoren-Ehepaar bereitet Jahrtausende altes Mondwissen aktuell und praktisch auf, um Chemiegifte und Konservierungsmittel beim Bauen und Renovieren entbehrlich zu machen. Mit Mondkalender für die Jahre 2008 bis 2011.

Autoren

Johanna Paungger wuchs in einer Tiroler Bergbauernfamilie auf. Das Wissen um die Mond- und Naturrhythmen bekam sie von ihrem Großvater überliefert. Seit vielen Jahren vermittelt sie dieses Wissen lebendig und anschaulich in Vorträgen. Durch zahlreiche Auftritte im Fernsehen sowie Interviews für Radio und Zeitungen ist sie einem breiten Publikum bekannt.

Thomas Poppe, Autor und Übersetzer, beschäftigt sich seit Jahren mit den Einflüssen der Mondrhythmen im Alltag. Zusammen mit seiner Frau Johanna Paungger hat er seine Erfahrungen niedergeschrieben.

Homepage: www.paungger-poppe.com

Von den Autoren liegen bei Goldmann außerdem vor:

Der lebendige Garten (39065, 17023)
Die Mondgymnastik (30948, 16570)
Alles erlaubt (30721, 16909)
Aus eigener Kraft (13972)
Mondkalender. Die Jahresübersichten von 2008–2018

Jährlich neu erscheinend:
DAS MONDJAHR
Taschenkalender • Farbiger Wandkalender • Wochenkalender
Tagesabreißkalender • Der persönliche Time-Planer
Plakatkalender • Familienkalender

Johanna Paungger
Thomas Poppe

Der Mond im Haus

Renovieren, Hausbau,
Holzverarbeitung
zum richtigen Zeitpunkt

Mosaik bei
GOLDMANN

FSC
Mix
Produktgruppe aus vorbildlich
bewirtschafteten Wäldern und
anderen kontrollierten Herkünften

Zert.-Nr. SGS-COC-1940
www.fsc.org
© 1996 Forest Stewardship Council

Verlagsgruppe Random House FSC-DEU-0100
Das für dieses Buch verwendete FSC-zertifizierte Papier *Munken Print*
liefert Arctic Paper Munkedals AB, Schweden.

4. Auflage
Überarbeitete Taschenbuchausgabe Januar 2001
Wilhelm Goldmann Verlag, München,
ein Unternehmen der Verlagsgruppe Random House GmbH

Umschlaggestaltung: Design Team München
Umschlagfoto: ZEFA/W. H. Mueller
Satz: Barbara Rabus
Druck und Bindung: GGP Media GmbH, Pößneck
kö · Herstellung: Max Widmaier
Printed in Germany
ISBN 978-3-442-16278-9

www.mosaik-goldmann.de

Inhalt

Vorwort

Das Wissen um die Mondrhythmen ist dabei, sich wieder einen Platz im Alltag vieler Berufe zurückzuerobern – nicht als kurzlebige Modeerscheinung, sondern als unverzichtbares Element. Mit diesem Buch wollen wir unseren Lesern nun ein weiteres Werkzeug an die Hand geben, das sich viele von ihnen schon lange gewünscht haben. Jahrtausendealtes Wissen kommt Ihnen zu Hilfe, um Chemiegifte und Konservierungsmittel entbehrlich zu machen und zahlreichen Krankheiten den Boden zu entziehen. Giftfrei, natur- und menschenfreundlich zu bauen und zu renovieren wird durch dieses Werkzeug zur Freude.

Was tun, wenn der Baubeginn eines Hauses feststeht, wenn Bauherr und ausführende Firmen den »richtigen Zeitpunkt« beachten wollen, aber nur der Bauherr schon Erfahrung mit den Mond- und Naturrhythmen gesammelt hat?

Was tun, wenn Sie eine Malerfirma mit der Renovierung Ihrer Wohnung oder Ihres Büros beauftragt haben und die Firma nun zum ersten Mal vom richtigen Zeitpunkt hört?

Der Baufirma und den Handwerkern fehlt die Zeit, um sich in die Materie einzuarbeiten, selbst wenn sie besten Willens sind, die Regeln zu befolgen. Dieses Buch soll hier Abhilfe schaffen und Menschen mit den nötigen Informationen versorgen, die aus verschiedensten Gründen keine Zeit haben, sich über Monate und Jahre hinweg Erfahrungswissen anzueignen.

Das Buch ist auch Ergebnis einer Summe von eigenen Erfahrungen in der Zusammenarbeit mit Architekten und Gartenfachleuten, mit Landwirten und Holzhandwerkern. Wer sich anhand unserer Bücher im Laufe von Monaten und Jahren langsam mit dem Wissen vertraut macht, braucht schließlich nur noch ein kleines Stück Papier mit Mondphasen und Mondstand im Tierkreis – einen jährlichen Mondkalender.

Andererseits gibt es viele Menschen, die von Anfang unserer Arbeit Vertrauen entgegenbringen und das Wissen anwenden wollen, ohne die Zeit zu haben, sich intensiv damit zu befassen.

Gerade den *guten* Architekten, Heilberuflern, Holzhandwerkern lässt der Erfolg oftmals nicht die Zeit, zuerst unsere Bücher zu studieren und dann im Laufe von Jahren das Wissen in ihre Arbeit und ihr Leben zu integrieren. Ihr Erfolg bedeutet aber auch, dass sie offen sind und bereit zu lernen. »Ich spüre, dass an der Sache mit den Mondrhythmen was dran ist, weil ich schon viele Erfahrungen gemacht habe, die anders nicht zu erklären sind, aber bitte gebt mir etwas an die Hand, damit ich das Wissen gleich umsetzen kann« – so oder so ähnlich lautete der Satz, den wir oft zu lesen oder zu hören bekamen.

Gerade im Bereich von Hausbau, Renovieren und Heimwerken wäre es sinnvoll, ohne »Studierpause« in die Kunst des richtigen Zeitpunkts einzusteigen, weil man vom ersten Tag an Unmengen von Umweltgiften und umständliches und teures Nacharbeiten vermeiden kann.

Entscheidend ist nämlich: Die Anwendung natürlicher Produkte (Naturharze, Holz, Schafwolle, Kalkfarben etc.) bedarf unbedingt der Wahl eines passenden Termins, erst dann sind sie Chemiegiften und umweltbelastenden Industrieprodukten in fast jeder Hinsicht überlegen – und um vieles gesünder und menschenfreundlicher! Beeindruckende Belege für die Dauerhaftigkeit, Zähigkeit und Langlebigkeit solcher Produkte findet man beim Besuch eines Museumsdorfes, etwa Kramsach in Tirol, wo jahrhundertealte Holzbauwerke Geschichten erzählen, die man von keinem Stahlbetonbauwerk zu hören bekommen wird.

Auch wer sich nicht zuerst Schritt für Schritt mit Hilfe unserer bisherigen Bücher in das Wissen um die Mondrhythmen einarbeitet, wird durch die Ratschläge in diesem Buch allmählich die *persönliche Erfahrung* machen, um wie viel einfacher alles wird, wie sehr die Natur ihm unter die Arme greift, wenn er mit ihren Wellen schwingt. Nach und nach wird er auch in unseren Büchern* nachlesen und erfassen können, welche Zusammenhänge es sind, die ihm da zu Hilfe gekommen sind.

Zu den wichtigsten Tätigkeiten im Bereich von Hausbau, Renovieren und Holzverarbeitung finden Sie die guten und

* *Aus eigener Kraft* (Goldmann-Verlag, München, 1993). *Vom richtigen Zeitpunkt* (Irisiana-Verlag, München, 1991). *Alles erlaubt!* (Goldmann-Verlag, 1999), *Das Mondlexikon* (Irisiana-Verlag, 2000).

schlechten Zeitpunkte in Harmonie mit dem Mondlauf. Und wenn Sie eine Tätigkeit im Buch vermissen, dann gehört sie entweder zu denjenigen, die vom richtigen Zeitpunkt nur wenig profitieren (etwa die Elektroinstallation), oder sie lässt sich problemlos einer im Buch vorkommenden Tätigkeit zuordnen.

Unsere Leser wissen, dass sie hiermit über ein Büchlein verfügen, das sie Tischlern, Architekten, Zimmerern usw. in die Hand drücken können. Wenn Sie zu unseren »neuen« Lesern gehören, die mit diesem Buch zum ersten Mal in Berührung mit den Natur- und Mondrhythmen kommen, wünschen wir Ihnen Mut und Pioniergeist beim Ausprobieren, dazu viel Abenteuerlust und Freude beim Sammeln von Erfahrungen aus eigener Kraft mit dem »richtigen Zeitpunkt« – mit dem alten Wissen um die Natur- und Mondrhythmen.

Johanna Paungger-Poppe und Thomas Poppe
Herbst 2000

Grundregeln und erste Schritte

Bauen und Renovieren in Harmonie mit Naturgesetzen und im Wellenschlag der Mondrhythmen ist leichter und angenehmer auszuführen, ist kurz- und langfristig billiger und bringt Sie der Absicht, die Natur nicht auszubeuten und gesund zu wohnen, einen gewaltigen Schritt näher, selbst wenn Sie nur eine einzige Regel kennen und beherzigen! Allein durch das Befolgen dieser Regel können Sie sich selbst und uns allen einen großen Dienst erweisen. Sie lautet:

Zwei unterschiedliche Stoffe, die dauerhaft verbunden werden sollen, sollten bei abnehmendem Mond zusammengefügt werden – gleichgültig ob durch Kleben, Mischen, Verschmelzen, Zusammenschieben, Verschränken, Pressen, Zinken etc.

Nachdem dies für fast alle Tätigkeiten bei Hausbau und Renovieren gilt, mag sich jetzt natürlich für Sie die Frage aufdrängen: Wie soll es denn möglich sein, nur 14 Tage lang zu arbeiten und 14 Tage die Handwerker nach Hause zu schicken oder die Hände in den Schoß zu legen?

Bei der Antwort können wir Ihnen helfen.

Haben Sie schon Geschichten vom »Pfusch am Bau« gehört? Oder davon, dass die meisten Häuslbauer kurz vor Vollendung des Bauwerks »keine Zeit, kein Geld und keine

Nerven« mehr haben? Bitte glauben Sie all diesen Geschichten und gehen Sie davon aus, dass die Wirklichkeit noch viel schlimmer aussieht. Falscher Stolz verhindert oft, dass das Ausmaß der schlechten Erfahrungen ans Licht kommt. Kaum jemand gibt gern zu, die Handwerker, die Baufirma, die Bank usw. falsch gewählt zu haben.

Das Gegenmittel ist *weise Planung* (und niemals Rechnungen voll bezahlen, bevor die Arbeit nicht mängelfrei beendet worden ist!).

Wenn Sie von der großen Kraft des richtigen Zeitpunkts profitieren wollen, bleibt Ihnen nicht erspart, die genaue Reihenfolge der auszuführenden Schritte für Ihr Vorhaben zu planen, vielleicht mit Hilfe fachkundiger Berater, Bauleiter, Architekten. Erst nach dieser Festlegung folgt die Abstimmung mit dem Mondkalender.

Ein Beispiel: Sie entscheiden sich für den Kelleraushub als ersten Schritt bei zunehmendem Mond. In diesem Fall müssen Sie dafür sorgen, dass die Dränage unverzüglich nach dem Aushub erfolgt (siehe Seite 26f.) und spätestens bei Vollmond abgeschlossen ist. Bei einem Aushub bei abnehmendem Mond entfällt die Dränage vorerst, sollte aber dann ebenfalls bei zunehmendem Mond erfolgen.

Ja, und dann geht's weiter in der Baureihenfolge. Sie werden bei der Lektüre des Buches erkennen, dass tatsächlich die meisten Arbeiten bei abnehmendem Mond erfolgen sollten. Das verpflichtet nicht nur zur genauen Einteilung der Handwerker, sondern schenkt Ihnen auch etwas sehr Wertvolles, nämlich Muße und Ruhe bei Planung und Auswahl.

So soll es sein, und so war es stets in alten Zeiten. Niemand wäre früher auf die Idee gekommen, Bau oder Renovierung eines Hauses zur Ursache einer Pleite oder eines Nervenzusammenbruchs werden zu lassen. Die Wahl des richtigen Zeitpunkts im Mondrhythmus verhindert das von Anfang an.

Bei zunehmendem Mond können Sie in Ruhe Fliesen aussuchen, die neue Küche, die passende Beleuchtung begutachten, Fußböden und Gardinen wählen. Nur wenn Sie zum Schluss alles auf einmal erledigen müssen, weil der Fliesenleger wartet, kommt es zu Ärgernissen und zu »rosarot« statt »blau« im Bad – ein ewiger kleiner Dorn im Auge nach dem Einzug.

Wie oft in Ihrem Leben werden Sie bauen?

Nehmen Sie sich deshalb *Zeit*! Und bedenken Sie wohl, welcher Schritt als Nächster folgt. Und dann kombinieren Sie mit dem Mondkalender.

Vierzehn Tage bauen, vierzehn Tage lang planen und organisieren. Abnehmender Mond, zunehmender Mond. Das ist ein natürlicher Rhythmus, dem früher alle folgten. Ohne Stress, ohne Hast und Eile.

Als einen wichtigen Anhaltspunkt möchten wir Ihnen die Reihenfolge der Tätigkeiten beim Hausbau nahe bringen. Profis mögen darüber lächeln, weil man ja »immer die Socken vor den Schuhen anzieht«. Andererseits ist es unsere durchgehende Erfahrung, dass viele Häuslbauer über diese Information glücklich sind, weil sie ihnen niemand gibt.

Gut geplant? Ist halb gewonnen! Nehmen wir nun die Schaufel in die Hand und machen den ersten Spatenstich – zum richtigen Zeitpunkt!

Reihenfolge der Tätigkeiten beim Hausbau	Bemerkung
Erdarbeiten/Ausheben	Bei zunehmendem Mond. Dränage sofort vornehmen!
Bodenplatte	Am besten bei abnehmendem Mond
Kellermauern und Decke	Am besten bei abnehmendem Mond
Kellerisolation	Abnehmender Mond wichtig!
Hinterfüllen des Kellers	Am besten bei abnehmendem Mond
Aufbau Rohbau/Fertighaus aufstellen	Abnehmender Mond wichtig! Fertighaus bei abnehmendem Mond im Werk produzieren lassen!!!
Geschossdecken	Abnehmender Mond wichtig!
Dachstuhl/Dacheindeckung	Abnehmender Mond wichtig!
Holzfenster/Türen außen	Abnehmender Mond wichtig!
Installationen Wasser/Strom/Gas/Heizung	Für diese Arbeiten ist der Mondstand unwichtig.
Estrich	Abnehmender Mond wichtig! Estrichhöhe mit Tischler und Fliesenleger diskutieren!!!
Außen- und Innenverputze	Abnehmender Mond wichtig!
Außenwandverkleidungen	Am besten bei abnehmendem Mond
Holztreppen/Steintreppen	Abnehmender Mond wichtig! Holztreppen während der Bauzeit mit Auflage schützen!
Innentüren	Am besten bei abnehmendem Mond
Bodenbeläge	Am besten bei abnehmendem Mond
Holzböden	Abnehmender Mond wichtig!
Holzdecken/Paneele	Am besten bei abnehmendem Mond
Malerarbeiten/Lackieren	Abnehmender Mond wichtig, besonders bei Fertighäusern!
Fliesen für Wand und Boden	Am besten bei abnehmendem Mond
Pfosten setzen	Abnehmender Mond wichtig!
Platten/Veranden	Am besten bei abnehmendem Mond
Wege	Abnehmender Mond wichtig!

Mond und Erde – Teil 1

Erde ausheben zum Hausbau

Wie oft in Ihrem Leben werden Sie ein Haus für sich selbst, für Ihre Familie bauen?

Es ist sehr seltsam, aber nach unserer Erfahrung gibt es viele Menschen, die sich an Planung und Bau eines Eigenheims machen mit derselben Einstellung wie sie an die Planung einer Spazierfahrt gehen würden – Butter vergessen? Macht nichts, kaufen wir an der Tankstelle. Heizungskeller vergessen? Ist ja nicht schlimm, lässt sich nachträglich einbauen …

Wie oft in Ihrem Leben werden Sie ein Haus für sich selbst, für Ihre Familie bauen? Und wie lange werden Sie es bewohnen?

Wenn Sie sich Zeit und Muße gönnen, kann das Entwerfen, Planen und Gestalten wirklich viel Freude machen. Allzu starre Zeitpläne sind von Nachteil, weil sie zu Hektik und Fehlern einladen, die später nur noch schwer zu korrigieren sind. In diesem Buch lesen Sie, welche Schritte beim Bauen und Innenausbau heikel sind und unbedingt ein wachsames Auge erfordern. Und auf Seite 127ff. haben wir kurz zusammengefasst, worauf Sie in der Planungsphase achten sollten. Das Kapitel soll Ihnen helfen, einige Dinge im Blick zu behalten, die sonst in keinem Ratgeber zu finden sind.

Es gibt jedoch eine Grundregel, die Sie schon in die allerersten Planungsschritte und Entscheidungen einbeziehen sollten, lange bevor Sie den ersten Spatenstich machen:

Beim Hausbau sollte man Dimensionen und Qualität aller sichernden und schützenden Elemente stets so auslegen, dass sie das Maximale aushalten – tagelange sintflutartige Regenfälle, sechs Wochen Frost von minus 20 Grad, starke Temperaturunterschiede, hohe Schneelasten, Blitzschlag etc.

Sie werden oft zu hören bekommen: »Das braucht's nicht, solche Winter/Regenfälle/Temperaturen etc. kommen bei uns nicht vor«, wenn Sie nach Belastbarkeit, Qualität, Langlebigkeit etc. fragen. Nur die normalen Belastungen eines Hauses zu berücksichtigen ist sicherlich sehr viel preiswerter als für alle Fälle gewappnet zu sein. Nur: Sie werden lange in einem Haus leben. Und der Tag des großen Sturms, des großen Regens, des »Jahrhundertgewitters« wird kommen. Heute. Morgen. Oder in zehn Jahren. Wie sehr wünschen Sie sich das Gefühl, auch für solche Tage gerüstet zu sein?

Doch nun zum ersten Schritt. Alles Planen ist vorerst eingestellt: Der erste Spatenstich steht an!

Der Zeitpunkt aller Erdarbeiten – vom Ausheben für Fundament- und Kellerbau bis zum Anlegen von Gräben und Kanälen – entscheidet in hohem Maße über das gleichzeitige und vor allem spätere Verhalten des Grundwassers am Haus und in der näheren Umgebung. Wenn es um den Bau von Wohnhäusern geht, nimmt oftmals schon der Baubescheid Rücksicht auf besondere Verhältnisse, Quellen etc. und schreibt Dränagen oder andere Sicherungsmaßnahmen vor.

Zur persönlichen Erfahrung zahlreicher Architekten und Baumeister gehört es, dass *in ein und demselben* Siedlungsgebiet bei Erdaushebungen ganz unterschiedliche Wasserverhältnisse herrschen. Einmal bleibt die Baugrube trocken, nur wenig Erde rutscht nach und spätere Probleme bleiben aus, ein anderes Mal füllt sich die Baugrube rasch mit Wasser und das Kellermauerwerk ist später nur mit viel Mühe, perfekter Isolierung und Dränage trocken zu bekommen – obwohl die Grundstücke nahe beieinander liegen. Fast immer ist der Zeitpunkt der Erdaushebung für diese widersprüchliche Erfahrung verantwortlich.

Der grundlegende Unterschied: Bei abnehmendem Mond ausgehoben, bleibt die Baugrube eher trocken, bei zunehmendem Mond ausgehoben, kommt das Wasser – wenn vorhanden – viel schneller.

Ob bei zunehmendem oder bei abnehmendem Mond: Letztlich muss jeder für sich selbst entscheiden, wann er Erdarbeiten vornehmen lässt. Oftmals richtet sich auch der Baubeginn nach dem Zeitplan der Baufirma oder nach dem Wetter. Sollte die Arbeit, aus welchen Gründen auch immer, bei zunehmendem Mond geschehen, dann *bestehen* Sie darauf, dass Dränage und eventueller Anschluss eines Regenwasserkanals sofort gelegt werden.

Die Grundregeln des Erdeaushebens

Sehr gut:	Bei abnehmendem Mond, jedoch nicht in Krebs, Skorpion und Fische
Gut:	Bei abnehmendem Mond
Schlecht:	Generell bei zunehmendem Mond
Sehr schlecht:	Bei zunehmendem Mond in Krebs, Skorpion und Fische

Lässt sich absehen, dass eine gute Dränage keinesfalls gleich nach dem Erdaushub gelegt werden kann (was der Normalfall sein dürfte), dann sollte man unbedingt bei *abnehmendem* Mond mit der Arbeit beginnen und später das Kapitel Seite 38 konsultieren – der richtige Zeitpunkt des Dränagierens.

Die Vorteile der Ausführung zum richtigen Zeitpunkt

Die Baugrube bleibt eher trocken, besondere Maßnahmen zum Schutz vor Wassereinbrüchen sind meist nicht nötig. Nach stärkeren Regenfällen trocknet alles schneller ab.

Die Nachteile der Ausführung zum falschen Zeitpunkt

Drückendes Grundwasser kann leichter in die Baugrube strömen und sich später leichter einen Weg durch Fundament und Kellerwände bahnen. Die Baugrube muss oft aufwändig abgestützt werden. Stärkere Regenfälle hinterlassen große Pfützen.

Und nicht vergessen

Für die spätere Gartenanlage lassen Sie den Humus zuerst abtragen und zur Seite schieben. Die darunter liegende lockere Schicht nützen Sie zum späteren Auffüllen. Die tiefste, grobe (oftmals lehmige) Schicht kann abtransportiert werden.

Lassen Sie zwischen den Erdhaufen genügend Raum für den Ablauf des Wassers bei starken Regenfällen, sonst verwandelt sich Ihre Baustelle in eine Schlammwüste.

Natürlich gilt dies nur, wenn dafür der Raum zur Verfügung steht. Vergessen Sie nicht, dass möglicherweise auch Ihr Nachbar unter der Baustelle zu leiden hat. Strapazieren Sie seine Geduld nicht über Gebühr durch Belästigungen, die bei ein wenig Nachdenken vermeidbar wären. Besonders Wochenend-Handwerker lassen manchmal die nötige Rücksicht vermissen. Bedenken Sie: Gute Nachbarschaft ist dann am allerwichtigsten, wenn man sie braucht.

In Ihrer Hand liegt unsere Zukunft

Sie planen, ein Haus, ein Eigenheim zu bauen? Sie wollen renovieren lassen oder sich selbst als Heimwerker betätigen? Sie wollen Ihr Haus, Ihre Wohnung mit Holz verschönern? Ja? Dann haben Sie vor, an einem sehr wichtigen Organ zu arbeiten, nämlich an Ihrer »dritten Haut«. So wie unsere Haut Schutz und Pflege braucht, wie auch unsere »zweite Haut«, die Kleidung, nach Pflege verlangt, so ist es nicht gleichgültig, in welcher Weise wir mit unserer »dritten« Haut umgehen, mit unseren vier Wänden, unserem Heim.

Bei der Hautpflege haben Sie die Wahl, ob Sie mit wenigen, natürlichen Kosmetika die naturgemäßen Aufgaben der Haut unterstützen oder sich mit Produkten der chemischen Industrie zupflastern und alle natürlichen Hautfunktionen betäuben oder gar zerstören.

Bei Wahl und Pflege Ihrer Kleidung treffen Sie die Entscheidung, ob Sie nur Naturfasern an Ihre Haut lassen – Wolle, Baumwolle und Seide –, natürlich gewonnen und verarbeitet, wärmend und schützend, oder ob Sie sich mit Kunstfasern elektrisch aufladen, die Hautatmung unterbinden und Ihren Organismus mit zahllosen chemischen »Ausrüst- und Veredelungsstoffen« belasten, die in der Kleidung enthalten sind.

Auch bei der Behandlung Ihrer »dritten Haut« gilt: Jede einzelne Tätigkeit im Bereich Hausbau, Heimwerken und Holzverarbeitung kann entweder dazu beitragen, Ihre Gesundheit und Ihr Wohlbefinden zu fördern oder sie kann kurz- und langfristig Ihre Gesundheit untergraben und schädigen. Ob Sie massives Holz verwenden, nach den Mondphasen geerntet, verarbeitet und mit natürlichen Mitteln behandelt und verschönert oder ob Sie jahrzehntelang die giftigen Ausgasungen von Spanplattenmöbeln und chemischen Holzschutzmitteln einatmen, ob Sie sich mit verstrahltem Holz umgeben wollen – Sie haben die Wahl.

Bei Ihnen liegt die Entscheidung.

In erster Linie sind es wir selbst, die mit der Herzensgüte oder der Freudlosigkeit unserer Gedanken, mit unserer Einstellung zum Leben, mit Liebe oder Angst unsere Wohnstätten mit Leben und Glück oder mit Zwietracht und Erschöpfung erfüllen. Aber wenn Unkenntnis, Fahrlässigkeit und Gewinnsucht unsere Häuser und Wohnungen zu Störzonen und Schadstoffquellen machen, dann ist die beste Lebenseinstellung manchmal machtlos. Die zahlreichen Giftstoffe, mit denen vielfach gebaut wird, mit denen wir einrichten, malen, lackieren, versiegeln, kleben und isolieren, verwandeln viele unserer Heim- und Ruhestätten in Orte der langsam schleichenden Schwächung und Ermüdung, bis hin zu ernsthaften körperlichen Schädigungen.

Mit der Wahl biologischer und aus Naturrohstoffen gewonnener Baumaterialien und Werkstoffe (Holz, Kalk, Leinöl, Schafwolle, Ton, Lärchenharz etc.) können wir viel dazu beitragen, dass sich unsere Kinder und Enkel nicht mehr in demselben Maße wie viele von uns mit Krankheiten und Allergien aller Art plagen müssen. Und Sie würden eine Vielzahl weiterer tief greifender Gesundheits- und Umweltschäden verhindern helfen.

Biologische Produkte haben eine viel größere Chance auf dem Markt, wenn bei der Gewinnung, Herstellung und vor allem bei der Anwendung wieder auf den *richtigen Zeitpunkt* geachtet wird. Wo allein mit gutem Willen biologisch und menschenfreundlich gebaut wird, verzweifelt ein Bauherr oft nach Jahren, weil ihm diese Kunst unbekannt ist und viele Anstrengungen deshalb zunichte gemacht werden. Der Versuch ihrer Neubelebung ist eines unserer wichtigsten Anliegen, denn die Abkehr von den industriellen Baumethoden der letzten Jahrzehnte (Kunststoffe, Beton, Stahl, Pressspan) und die Hinwendung zu Methoden, die uns am Leben lassen, ist eine wichtige Aufgabe für die Zukunft. Die Zeichen einer Wende zum Besseren mehren sich: Viele Verbraucher, viele Bauherren und Renovierer, Schreiner, Maler, Tapezierer und Heimwerker haben mit dem Umdenken begonnen und achten vermehrt auf Prädikate wie umweltschonend, ungiftig, biologisch abbaubar und dergleichen. Im Einzelfall stellt sich zwar immer wieder heraus, dass solche Aussagen nichts weiter waren als werbewirksame Augenwischerei und dass wir wohl noch einige Zeit »grüne« Produkte angedreht bekommen, deren Schädlichkeit und Giftwirkung erst langfristig zu Tage treten wird (selbst wenn sie jetzt noch ein Umweltsiegel tragen wie etwa die wasserlöslichen Lacke). Aber überall spürt man, dass der Einzelne allmählich aufwacht und sich von Industrie und Politik nicht mehr für dumm verkaufen lässt. Noch sind es wenige, die sich für natürliche und meist etwas teurere Produkte entscheiden – aber wie teuer sind die billigen Industrieprodukte wirklich?

Mond und Erde – Teil 2

Erde ausheben mit sofortiger Dränage

Wer den ersten Spatenstich beim Hausbau bei zunehmendem Mond vornehmen muss, womöglich sogar auch noch bei Krebs, Skorpion und Fische, der sollte das nach Lektüre des vorherigen Kapitels nicht unbedingt als Nachteil sehen. Sie dürfen nur eines nicht vergessen: Sie sind entweder selbst der Baggerführer oder Sie sind der König Kunde. In beiden Fällen können Sie dafür Sorge tragen, dass die unbedingt notwendigen Entwässerungsmaßnahmen am Haus *sofort* erfolgen, im Idealfall zu den unten angegeben Zeitpunkten. Um genau zu sein: Zur Dränage gehören das Verlegen der Dränagerohre *und* das Auffüllen der Gräben mit Rollschotter.

Der Vorteil des Aushebens bei zunehmendem Mond und der sofortigen Dränage liegt auf der Hand: Gefahr erkannt,

Die Grundregeln für das Erdeausheben mit sofortiger Dränage

Sehr gut:	Bei zunehmendem Mond in den Tierkreiszeichen Krebs, Skorpion und Fische, im Idealfall in der Woche vor Vollmond
Schlecht:	Bei zunehmendem Mond, wenn der Mond gerade nicht in einem Wasserzeichen (Krebs, Skorpion und Fische) steht.
Sehr schlecht:	Generell bei abnehmendem Mond

Gefahr gebannt. Man erkennt sofort die Wassersituation am Grundstück, es lässt sich problemlos fangen.

Die Vorteile der Ausführung zum richtigen Zeitpunkt

Die Wassersituation am Grundstück wird rasch erkennbar. Maßnahmen zum Fangen und zur Ableitung sind Erfolg versprechender.

Und nicht vergessen

Wenn es sich um ein größeres Haus handelt und eine sofortige Dränage nicht möglich ist, dann sollte der Erdaushub in solchem Abstand *vor* den günstigen Tagen erfolgen, dass die Entwässerungsarbeit dann in die günstige Zeit fällt.

Vom Umgang mit Wasser

Wie bei allen Dingen im Leben ist für den Erfolg dieser Arbeit nicht nur der richtige Zeitpunkt ausschlaggebend, sondern auch Ihre Einstellung dazu – die Kraft Ihrer Gedanken. Was heutzutage üblich ist im Umgang mit Dränage- und Regenwasser am eigenen Grundstück, lässt sich einfach formulieren: Aus den Augen! Weg damit! Verständlich, denn ein trockener Keller gehört neben dem Dach zu den wichtigsten Bestandteilen eines Hauses, das man auch noch in dreißig Jahren gern bewohnen will.

Früher war das noch ein wenig anders und man suchte stets Wege, um dem Wasser Raum zu lassen oder baute gleich so, dass ein Wassereinbruch keinen größeren Schaden anrichten konnte. Damals mehr als heute war es selbstver-

ständlich, das Wasser dorthin fließen zu lassen, wohin es die Natur haben wollte, nämlich zum Versickern *am Grundstück*. Vielleicht haben Sie schon Regenrinnen gesehen, die das Wasser an einer Kette entlang zu Boden führen, in eine kleine Schottergrube oder dergleichen.

Die Wahrheit ist, dass Regenwasserkanäle zu den dümmsten Erfindungen unseres Jahrhunderts gehören. Zwar sind Bauherren nicht überall verpflichtet, sich anzuschließen: Es genügt oft, wenn man den Nachweis erbringt, dass das Regenwasser am eigenen Grundstück ohne Störung des Nachbarn etc. »entsorgt« wird. Vielfach aber entscheiden sich Hausbauer aus Bequemlichkeit für den Anschluss an den vorhandenen Regenwasserkanal. Und das hat Folgen: Großflächig betrieben führt der Anschluss zwangsläufig zu einer Verfälschung des Grundwasserstandes in diesem Gebiet. Das wiederum führt zu einschneidenden Veränderungen in der Umwelt – Austrocknungen, Veränderungen in der Tier- und Pflanzenwelt einer ganzen Region. Regenwasserkanäle kosten Millionen, die Beseitigung der durch sie ausgelösten Schäden ebenfalls. Viele solcher Kanäle nützen niemandem – außer den Baufirmen, die sie in den Boden bringen.

Manche Gesetze – auch der Zwangsanschluss an einen Regenwasserkanal – müssen sein, weil wir in der Vergangenheit so unverantwortlich handelten. »Nach mir die Sintflut« ist eine häufige Denkweise, die sich hier im wahrsten Sinne des Wortes verwirklicht. Traurig ist, dass diese Gesetze oftmals bestehen auf Kosten verantwortlich denkender Menschen, die um die Kreisläufe in der Natur wissen und nicht auf die Idee kommen würden, solch starke Eingriffe in die Natur zuzulassen – wie etwa eine ganze Region des Regenwassers zu berauben, das von Dächern herabfließt.

Prüfen Sie, ob es bei Ihnen die Möglichkeit gibt, mit Regenwasser besser umzugehen als bisher üblich. Etwa durch den Einbau einer Regenwasserzisterne, in die auch Ihre Dränagerohre münden und die einen großen Teil Ihres Brauchwassers liefern kann. Oder durch die Versickerung auf Ihrem Grundstück (was geologisch manchmal nicht möglich ist). Und wenn Sie diese Prüfung abgeschlossen haben, kann Ihnen dieses Buch sehr nützlich werden.

Flüssiger Stein

Beton und Estrich gießen

In manchen Fällen ist die Verwendung von Beton sinnvoller als von anderen Baustoffen. Zumindest stört es nicht überall. Doch es wird noch sehr lange Zeit dauern, bis wieder überall dort Holz statt Beton verwendet wird, wo es möglich ist. Ein Keller beispielsweise ist nun mal kaum anders trocken zu halten als in Sperrbeton gegossen. Und neben dem wasserdichten Dach über dem Kopf gehört ein trockener Keller zu den allerwichtigsten Dingen beim Hausbau. Wer hier spart, begeht langfristig einen großen Fehler. Jeder Hausbauer sollte sich von Anfang im Klaren darüber sein, dass ein solide gebauter, trockener Keller, seine fachgerechte Isolierung und Dränage, eine Stange Geld kostet. Seien Sie nicht überrascht, wenn der Wunsch nach einem trockenen Keller Ihre finanziellen Möglichkeiten vorerst übersteigt.

Sollten Sie also Beton benötigen, etwa beim Kellerbau oder beim Gießen eines Schwimmbeckens, dann kommt dem richtigen Zeitpunkt dieser Arbeit eine ebenso tragende Bedeutung zu wie in vielen anderen Lebensbereichen. Hier sogar im wahrsten Sinne des Wortes.

Jeder Architekt, jeder Baumeister hat schon die Erfahrung gemacht, dass ohne ersichtlichen Grund Betondecken reißen. Oder was noch schlimmer ist, dass Feuchtigkeit in ein Bauwerk tritt, obwohl »wasserdicht« betoniert wurde. Meist werden daraufhin die »üblichen Verdächtigen verhaftet« –

das Wetter, die Betonqualität, »Kältebrücken«, Schwarzarbeit etc. Dem Bauherrn nützt die Diskussion wenig, und selbst wenn nach einiger Zeit finanzieller Ausgleich geleistet wird, ist der Schaden nur schwer zu beheben.

Der Hauptursache für gerissene Betonfundamente, -wände und -decken können Sie aus dem Weg gehen, wenn Sie folgende Grundregeln beachten:

Die Grundregeln für Beton und Estrich gießen

Sehr gut:	Bei abnehmendem Mond in den Tierkreiszeichen Stier, Jungfrau, Steinbock
Gut:	Bei abnehmendem Mond, mit Ausnahme der Löwe-Tage
Schlecht:	Generell bei zunehmendem Mond, aber auch bei abnehmendem Mond Löwe
Sehr schlecht:	Generell bei Vollmond, besonders bei Vollmond im Löwen

Die Folgen der Ausführung zum richtigen Zeitpunkt

Beton trocknet gleichmäßig und verbindet sich fest mit dem Untergrund und anderen Flächen. Die Gefahr von Rissbildungen ist sehr gering. Holzschalungen, wenn zuvor fachgerecht eingeölt, lassen sich leichter lösen.

Die Folgen der Ausführung zum falschen Zeitpunkt

Bei Löwe trocknet der Beton zu rasch, die Gefahr der Rissbildung ist größer. Kurz vor Vollmond betonierte Flächen verbinden sich schlecht mit anderen Stoffen, auch mit schon getrockneten anderen Betonflächen. Selbst die Verwendung von Fugenbändern kann manchmal die Erwartungen nicht erfüllen.

Und nicht vergessen

Wenn beim Gießen von Betondecken zwar der richtige Zeitpunkt gewählt ist, aber große Hitze herrscht, dann sollten die Flächen alle paar Stunden mit Wasser besprengt werden, um ein gleichmäßiges Trocknen zu erzielen.

Auch beim Aufsetzen der Kellerwände wäre es von Vorteil, auf den richtigen Zeitpunkt zu achten. Die Arbeit bei zunehmendem Mond an einem Wasserzeichen (Krebs, Skorpion, Fische) durchgeführt, lässt die Wände sehr schlecht trocknen und führt zu hoher Raumluftfeuchte. Ein ständiger Nährboden für Schimmel im Keller könnte die Folge sein.

Bei allen Decken und somit auch bei der Kellerdecke ist dagegen ein langsames Abtrocknen eher wünschenswert, um das Reißen zu vermeiden. Meist behilft man sich zu diesem Zweck mit einer Berieselung mit Wasser (ca. alle zwei bis drei Stunden die Decke mit einem Schlauch abspritzen). Die Arbeit zum richtigen Zeitpunkt kann das Ergebnis entscheidend verbessern.

Der Termin für das Gießen tragender Wände ist frei wählbar. Wenn es jedoch keinen größeren Aufwand mit sich bringt, auch bei dieser Arbeit auf den Zeitpunkt zu achten, dann wäre der abnehmende Mond etwas günstiger, weil die Trocknung des Rohbaus schneller verläuft. Insgesamt sollte man mit der Ausstattung von Wohnbereichen im Keller bis etwa ein Jahr nach Fertigstellung warten.

Da wir kürzlich selbst gebaut haben und um die Schwierigkeiten der Anwendung der Mondregeln wissen, wissen wir auch, dass es ohne Kompromisse nicht abgeht. Wir hatten das große Glück, einen verständigen Baumeister für den Keller zu finden, der bei Terminschwiergkeiten zumindest die sehr schlechten Tage ausließ. Wenn Sie in der Planungsphase mit verschiedenen Baumeistern sprechen, werden auch Sie einen finden, der Ihnen entgegenkommt. Vergessen Sie einfach nicht, dass fast alle Menschen, die beruflich mit Hausbau, Innenausbau und Holzverarbeitung zu tun haben, die *Erfahrung* der Gültigkeit der Mondregeln besitzen – oftmals ohne es zu wissen. Diese Menschen müssten nur das Datum merkwürdiger und unerklärlicher Erfahrungen aus der Vergangenheit mit einem Mondkalender vergleichen: Sehr schnell würden Sie den Zusammenhang zwischen Ereignis und Mondstand erfassen können. Tatsächlich ist dies genau der Weg, den viele anfangs skeptische Leser beschritten haben: Zahnärzte, Chirurgen, Landwirte, Gärtner, Architekten. Viele von ihnen haben vergangene Ereignisse mit dem Mondkalender verglichen und so in kurzer Zeit alle Zweifel beseitigt.

Unser Buch *Aus eigener Kraft* enthält zwar ein kleines Kapitel über »Gesundes Hausbauen«, darin hatten wir aber noch nicht den Mut, so sehr in alle Einzelheiten zu gehen. Heute wissen wir, dass die Menschen schon viel aufgeschlossener geworden sind. Wir freuen uns schon darauf, unseren Lesern im Laufe der Zeit immer mehr »belächelten Aberglauben« an die Hand geben zu können, für dessen Veröffentlichung die Zeit vielleicht erst in zehn Jahren reif ist ...

Was man daraus macht ...

»Es kommt darauf an, was man daraus macht« – so wirbt die Industrie, wenn sie uns die Verwendung von Beton nahe legen möchte, für welchen Zweck auch immer.

Stimmt.

Mit dem Beton ist es wie mit dem Penicillin. Penicillin ist nicht »immer gut« oder »immer schlecht«, sondern es kommt darauf an, wie man es verwendet und wofür. Wenn ein kleines Kind an einer bakteriellen Infektion leidet mit 41 Grad Fieber, dann ist Penicillin vielleicht sogar lebensrettend. Andererseits wollte kürzlich eine Zahnärztin einen unserer Freunde nicht behandeln und empfahl ihm *am Telefon* Penicillin gegen die Zahnschmerzen! Gutmütigkeit bewahrte sie davor, namentlich in einer großen Wochenzeitung zu erscheinen, in der Spalte »Der Irrsinn im Alltag«.

Mit dem Beton ist es wie mit der Schulmedizin. Sie ist nicht »immer gut« oder »immer schlecht«, sondern es hängt davon ab, wie und wofür man sich ihrer Gesetze und Prinzipien bedient. Ein Unfallchirurg leistet unschätzbar Wertvolles, und zahllose gute Ärzte haben gelernt, Erfahrung vor Prinzip zu stellen. Ein Internist dagegen, der bei Verstopfung pharmazeutische Giftbrühen verschreibt statt Pflaumensaft und ein Glas lauwarmes Wasser, wird spätestens in fünfzig Jahren als Quacksalber und unbelehrbares Fossil gelten. Heute ist er leider noch der »Gott in Weiß«.

»Es kommt darauf an, was man daraus macht« – Ja, Beton hat seine Berechtigung ebenso wie Stein seine Berechtigung hat. Flüssiger Stein ist sinnvoll dort, wo er angebracht ist. Sie müssen selbst entscheiden, wo.

Wichtig ist die Information, dass Beton als Baustoff von Wänden und Decken im Wohnbereich eine eher negative Wirkung auf unsere Gesundheit hat, weil Beton »ziehend« wirkt. Was das genau bedeutet, ist schwer zu beschreiben (wir versuchen es auf Seite 46), aber leicht zu erleben und zu fühlen. Jeder, der beispielsweise tagsüber von Beton umgeben arbeitet und zu Hause in Holz oder Ziegel eingehüllt ist, hat erfahren, wovon wir sprechen. Diese ziehende und schwächende Kraft lässt sich glücklicherweise neutralisieren, allerdings um einen Preis: Eine fünf Zentimeter dicke Korkschicht würde genügen. Je dünner sie ist, desto geringer die Abschirmwirkung. Über diese Schicht lässt sich streichen, tapezieren, verputzen. Eine etwas kostspielige Lösung, aber was sind Ihnen Gesundheit und Wohlbefinden wert? Eine Holzverkleidung wirkt ebenfalls abschirmend, aber nicht so stark wie Kork. Verzichten Sie von vornherein auf Beton, wo es möglich ist. Und verwenden Sie Beton nur, wo es nötig ist und niemandes Gesundheit untergräbt.

Dränagieren

Mit der richtigen Einstellung geplant kann sich ein Haus in die Umgebung so harmonisch und schön einfügen wie ein Vogelnest in eine Rosenhecke. Und in gewisser Weise ist das Dränagieren eines Gebäudes gleichbedeutend mit dem Versuch, den »Fremdkörper Haus« mit den vorhandenen natürlichen Gegebenheiten in Harmonie zu bringen.

Dränagieren – damit ist hier der Versuch gemeint, mit Hilfe bestimmter Techniken ein Gebäude von Bodenfeuchte und Grundwasser freizuhalten. In der Regel geschieht dies durch das Verlegen von feingelochten Kunststoffröhren mit etwa 12 cm Durchmesser, ca. 50 cm unterhalb der Fundamentplatte und um das ganze Haus herumgeführt. Sie weisen ein Gefälle auf und sind so eingebracht, dass das Wasser an der tiefsten Stelle abgleitet wird, im Idealfall zum Versickern am Grundstück oder auch in den Regenwasserkanal. Eingehüllt werden diese Röhren meist in groben Kies, damit sich das Wasser ungehindert einen Weg zu ihnen bahnen kann. Feine Erde würde die Röhren verstopfen und unbrauchbar machen.

Das Dränagieren selbst dauert in der Regel nur wenige Stunden, die Qualität dieser Arbeit jedoch kann sich jahrzehntelang auswirken. Sie gehört zu den wichtigsten Arbeitsschritten beim Hausbau. Es empfiehlt sich, sie sehr sorgfältig auszuführen und zu kontrollieren.

Eine gute Dränagierung kann auch schwierigste Hauslagen zum Kinderspiel machen, Keller und Wände bleiben trocken für die Lebensdauer des Hauses. Eine schlechte Dränagierung, nach unserer Erfahrung im Hausbau leider eher die Regel als die Ausnahme, kann unter Umständen dazu führen, dass das Haus im Laufe von Jahrzehnten mehrfach den Besitzer wechselt. Wir haben erlebt, wie nach der Dränagierung eine Stampfmaschine den Kies über dem Dränagerohr feststampfte – und es so plattwalzte.

Fast möchten wir Ihnen raten: Bleiben Sie anwesend, während die Dränage eingebaut wird. Wir sind sonst nicht dafür, allzu oft auf der Baustelle zu erscheinen, aber in diesem Fall sind die Folgen der guten oder schlechten Ausführung dieser Arbeit zu gravierend. Die Dränage ist in Minutenschnelle zugeschüttet und kann nachträglich nur noch unter hohem Aufwand kontrolliert oder saniert werden.

Wenn Sie die Möglichkeit haben, Vögel beim Bau ihrer Nester zu beobachten, würden Sie entdecken, dass sie sich dabei peinlich genau nach dem Mondstand richten, damit die Nester nach einem Regen rasch abtrocknen. Von der Aus-

Die Grundregeln für das Dränagieren

Sehr gut:	Bei zunehmendem Mond in den Tierkreiszeichen Krebs, Skorpion und Fische
Schlecht:	Bei zunehmendem Mond, wenn der Mond gerade nicht in einem Wasserzeichen (Krebs, Skorpion und Fische) steht
Sehr schlecht:	Generell bei abnehmendem Mond

führung zum richtigen Mondstand kann auch der Erfolg des Dränagierens in besonderem Maße abhängen:

Die Folgen der Ausführung zum richtigen Zeitpunkt

Das Wasser findet seinen Weg in die Röhren und nimmt die »Umleitung« weg vom Haus an. Ein Freundschaftsangebot an das Wasser.

Die Folgen der Ausführung zum falschen Zeitpunkt

Dränagieren bei abnehmendem Mond ist vergleichbar mit einem stauenden, blockierenden Impuls. Das Wasser sucht sich dann oft einen zufallsbestimmten neuen Weg, wie beim verunglückten Tennisschlag: Der Ball landet entweder bei den Zuschauern oder auf der eigenen Nase. Das Wasser wandert vom Haus weg oder der Druck erhöht sich. Röhren können verstopfen oder versanden.

Und nicht vergessen

Eine sinnvolle Zusatzeinrichtung sind Dränageröhren, die durch die Schotterrollierung nach oben geführt werden und mit den höheren Punkten der eigentlichen Dränage in Verbindung stehen. Durch sie lässt sich die Dränage von Zeit zu Zeit ausspülen. Das Ausspülen sollte natürlich auch zum richtigen Zeitpunkt erfolgen, nämlich bei abnehmendem Mond in einem Wasserzeichen (Krebs, Skorpion, Fische). Bei zunehmendem Mond erhöht sich die Gefahr, dass das Rohr versandet.

Ein Geschenk des Himmels – Teil 1

Türen, Fenster und Wintergärten fertigen

Fensterrahmen, Türen, Wintergärten aus mondphasengeerntetem Holz, zum richtigen Zeitpunkt verarbeitet, bei abnehmendem Mond mit natürlichen Farben lasiert und zum richtigen Zeitpunkt verglast und eingebaut – das ist eine endlose Freude. Und gleichzeitig ein lebendiger, atmender Bestandteil des Hauses. Wie alles wirklich Gute, reibungslos Funktionierende und Schöne, wie alles Lebendige bedarf es der *Pflege* und »Zuwendung«. Aktiv und bewusst. Ohne Pflege folgt Verfall. Muskeln, die ich nicht pflege durch maßvollen Gebrauch, verkommen.

Meine fünf Sinne, die ich nicht pflege durch Gebrauch und Schärfung werden stumpf und nutzlos.

Liebe, die ich nicht pflege durch Zeigen und Schenken und Bedingungslosigkeit, wird nicht erblühen. Sie wird verkümmern und absterben.

Holz, das ich nicht pflege, und sei es nur durch gute Gedanken, wird verrotten.

So ist es mit allen Dingen im Leben: Holz, das seine Aufgaben erfüllt, ist »normal«, ein verzogener Fensterrahmen dagegen ist ein Versicherungsfall, der »Schuldige« muss gesucht, die Garantiebestimmungen müssen verschärft werden. Dabei weiß jeder Autokäufer, dass sein Fahrzeug regelmäßige Pflege, Ölwechsel etc. braucht. Merkwürdig, dass wir in Bezug auf einen viel wichtigeren Bestandteil unseres Lebens, unsere Heimstätten, anders denken. Da wäre es vielen Menschen am liebsten, der Lack am Fenster, der Putz an der Außenwand hielte bis in alle Ewigkeit. Pflege? Am besten die Fenster nur einmal im Leben streichen, wenn überhaupt …

Wenn Sie gesund und menschenfreundlich bauen, ausbauen und heimwerken wollen, sollten Sie also nicht vergessen, dass Sie das Ergebnis Ihrer Arbeit – vom Möbelstück über den Dachstuhl bis zum Gartenhäuschen – pflegen müssen. Nicht als lästige Pflicht, sondern aus Liebe zu den Dingen der Natur in Ihrer nächsten Umgebung, die für Sie da sind. Eine Hand wäscht die andere, eine Hand pflegt und schützt die andere. Sie haben ja die Wahl, womit Sie sich umgeben. Auch als Mieter haben Sie die Wahl, womit Sie streichen und lasieren und basteln.

Auch im Umgang mit Holz offenbart sich eine sehr menschliche Denkweise: Wenn etwas gut funktioniert und seinen Dienst tut, dann vergisst man es schnell und hält es schließlich für »selbstverständlich« oder »normal«. Läuft etwas schief, dann muss man es *bekämpfen*. Mit dieser Einstellung werden wir dafür sorgen, dass dieser kleine blaue Planet spätestens in ein paar Jahrzehnten aufhört, uns eine Heimat zu geben. Und diese Einstellung ist es auch, die Aluminium- und Kunststofffenstern eine Chance gegeben hat. Die Kostenwahrheit eines Aluminiumfensters liegt zwar beim weit über Hundertfachen seines Preises, aber dafür hält es »garantiert« eine Ewigkeit …

Womit wollen Sie sich also umgeben? Mit Zeugnissen Ihrer eigenen Liebe zum Leben und zur Natur? Oder mit Zeugnissen der Dummheit und Gier der Wirtschaft und Indust-

rie? In diesem und im nächsten Kapitel erfahren Sie, wie Ihnen die Mondregeln helfen können, ohne jedes Gift Fenster, Wintergärten und Türen aus Holz fertigen zu lassen. Hier die Grundregeln:

Die Grundregeln für die Fertigung von Holztüren, Fenstern und Wintergärten

Sehr gut:	Bei abnehmendem Mond im Tierkreiszeichen Steinbock
Gut:	Bei abnehmendem Mond, mit Ausnahme der Löwe-, Schütze- und Krebs-Tage
Schlecht:	Generell bei zunehmendem Mond, aber auch bei abnehmendem Mond in Löwe, Schütze und Krebs
Sehr schlecht:	Bei zunehmendem Mond in Löwe, Schütze und Krebs und bei Vollmond

Die Folgen der Ausführung zum richtigen Zeitpunkt

Holz bleibt ruhig, verzieht sich nicht. Fensterrahmen und Türblätter bleiben ruhig, schließen dicht. Im Fensterfalz bildet sich keine Feuchtigkeit, die zum Verrotten oder Abblättern von Farbe führen könnte. Nach Regengüssen trocknen sie rasch ab.

Die Folgen der Ausführung zum falschen Zeitpunkt

Fenster verziehen sich leichter, die Feuchtigkeit bleibt im Holz, es wird leichter morsch. Türen schließen schlechter im Laufe der Zeit.

Und nicht vergessen

Äste in Fensterrahmen sollten Sie unbedingt bei abnehmendem Mond ausbessern lassen, weil sie sonst im Laufe der Zeit herausfallen könnten. Wenn möglich, nicht mit Holzkitt, sondern mit Holzdübeln arbeiten. Wenn Sie Fenster intensiv waschen, dann immer allseitig und bei abnehmendem Mond. Sie werden sehen, dass dann beispielsweise ein Wintergarten viel mehr Freude macht, weil seine Glasflächen viel seltener gesäubert werden müssen. Das entkräftet gleichzeitig ein Argument gegen Wintergärten.

Holz für eine neue Welt

Machen Sie mit, beginnen wir gemeinsam die Reise in eine neue Welt – mit einem Stück Holz in der Hand. Bevor Sie in einer ruhigen Minute dieses Kapitel weiterlesen, suchen Sie sich ein Stück Holz. Irgendeinen hölzernen Gegenstand – Kochlöffel, Kleiderbügel, Bauklötzchen, ein Holzscheit, ein Rest Wandverkleidung, was auch immer. Nicht lackiert oder lasiert, wenn möglich, muss aber nicht sein. Nehmen Sie das hölzerne Etwas in Ihre Hand, und betrachten Sie es. Von allen Seiten. Fühlen Sie es mit den Augen und Händen. Lassen Sie sich dafür Zeit. Und nun stellen Sie sich, mit dem Stück Holz in der Hand, der Reihe nach und in Frieden drei Fragen:

- Was bedeutet Holz, was bedeuten Bäume, was bedeutet der Wald für mich?
- Welche Erinnerungen verbinde ich mit Holz, Baum, Wald?
- Was wird Holz, was werden Bäume, was wird der Wald in Zukunft für mich bedeuten?

Meditieren Sie ein wenig über die Antworten. Denken Sie nach. Fühlen Sie in Ihre Vergangenheit, Gegenwart und Zukunft hinein, in Bezug auf Holz, Baum und Wald. Das sind keine Prüfungsfragen, Sie werden nicht benotet, Sie können sich Monate mit der Antwort Zeit lassen. Wenn Sie nach Sekunden zu dem Ergebnis kommen »Holz hat nichts Besonderes für mich« – gut! Wenn Sie eine Stunde lang die Erinnerung an fröhliche Nächte in Berghütten, an Wanderungen in Eichenwäldern, an ein romantisches Holzfeuer vor 25 Jahren genießen – auch gut! Wenn Holz für Sie nur ein Baustoff ist – prima!

Wenn Sie die Antworten gefunden haben, möchten wir Ihnen sagen, warum wir dieses Kapitel für Sie geschrieben haben: *Wenn Sie nach der Lektüre Holz, Baum und Wald mit anderen Augen sehen, haben wir unser Ziel erreicht und freuen uns – mit Ihnen.* Die Zeit dafür ist reif.

Wir möchten Sie mit der Vorstellung vertraut machen, dass jeder Ihrer ganz persönlichen Gedanken und Gefühle, die Sie um den lebendigen Stoff Holz fließen lassen, darüber mitbestimmt, ob wir eines Tages wieder im Einklang mit unserer Lebensgrundlage, der Natur leben oder ob wir an unseren selbstgemachten Giften zu Grunde gehen.

Allein durch Art und Prägung Ihrer Gedanken und Gefühle rund ums Holz *entscheiden* Sie mit, ob wir eines unserer Lebenselixiere, die reine Luft, in Zukunft wieder atmen können oder ob wir am Würgegriff unserer eigenen Hände ersticken.

Ihr inneres Bild vom Holz legt fest, ob das Waldtöten fortschreitet oder ob wir uns wieder daran erinnern, wer uns die Luft zum Atmen schenkt. Sie entscheiden, ob der Stoff, aus dem unsere Heimstätten, Möbel, Werkzeuge und Spielzeuge gemacht sind, aus lebenspendendem Holz, aus festem Licht, gemacht sind, oder aus lichtscheuen, den Tiefen der Erde entstammenden Elementen gefertigt sind, die wir niemals so leichtfertig aus ihrer angestammten Umgebung hätten herausreißen dürfen.

Ihre Gedanken und Gefühle entscheiden darüber, ob Holz in seinem naturgegebenen lebendigen Zustand Ihr Leben betritt und heller macht oder ob es mit Gift versiegelt, »geschützt« oder »verschönert« wird, mit Gift vermischt als Pressspanplatte, mit Gift verleimt als Sondermüll unsere Müllhalden quellen lässt, im Verbrennen unsere Luft verdunkelt und im Verrotten unsere Erde vergiftet, den sinnreichen Kreisläufen der Natur entrissen.

All das liegt in Ihrer Hand.

Jahrtausendelang hat Holz uns Menschen gedient und über die Meisterschaft kundiger Hände eine Vielzahl von Geschenken gemacht.

- *Das Heim* – unser Dach über dem Kopf, Wände und Böden aus Holz, Schutz vor Frost und Sonnenglut, jahrhundertelang überdauernd, ohne jeglichen Giftstoff zu seinem Schutz.
- *Vom Stuhl bis zum Pfeiler* – sinnreich entworfene, chemisch unbehandelte Holzmöbel, durch die Maserung und Farben des Holzes ein jedes ein Einzelstück, dauerhaftes, federleichtes Holz für Werkzeuge, Holzbrücken und -pfeiler, die, im Wasser stehend, jahrhundertelang halten, ohne jede wasservergiftende Imprägnierung.
- *Das Feuer* – Wärme, die angenehmer und gesünder nicht

sein könnte, ausgestrahlt von trockenem Holz, das zu Asche und Rauch wird, nur so viel Kohlendioxid verbrennt wie es zuvor gespeichert hat, und sofort wieder in den Kreislauf der Natur zurückkehrt.

- *Die Kunst* – undenkbar die schönste Musik, die jemals an unsere Ohren drang, ohne die wunderbaren Instrumente aus Holz, die sie hervorbrachten. Und die Wohltaten für Augen und Herz in Form der Meisterwerke der Schnitzkunst, versehen mit Naturfarben, die auch nach Jahrhunderten, obwohl verblasst, stärker von innen leuchten als jede chemische Lackfarbe.

Der Erinnerung an Holz, dieses Geschenk des Himmels, ist ein großer Teil unserer Arbeit gewidmet. Vor allem an eine besondere Gabe möchten wir erinnern, die uns der Wald reicht. Das schönste und wichtigste Geschenk von allen – sein *inneres Licht.*

Unsere Vorfahren kannten sie noch, diese wichtigste Gabe des Holzes. So sehr ist sie in Vergessenheit geraten und unvermutet von den meisten, auch von denen, die heute damit leben und arbeiten, dass kein Wort in unserer Sprache existiert, um dieses Geschenk, diese Aufgabe, die Holz in unserem Leben erfüllen könnte, zu beschreiben. Diese Holzeigenschaft ist wissenschaftlich nicht erfassbar, sie ist mit Worten nur schwer auszudrücken. Einzig und allein das genaueste Messinstrument, das wir Menschen besitzen – unser inneres Gespür –, ist geeignet, um diese Eigenschaft zu erfassen. Wir versuchen es dennoch mit Worten, um so vielleicht Ihr Gespür zu wecken:

Lebten Sie schon einmal längere Zeit in einem Holzhaus? Oder verbrachten Sie einen Urlaub darin? Erinnern Sie sich noch an diese Zeit? Mit welchen Gefühlen?

Oder leben Sie heute in einem Holzhaus und haben schon einmal längere Zeit in einem Haus aus Beton und Stahl verbracht? Fühlten Sie einen Unterschied?

Verbrennt man Holz, dann besteht die Asche nur zu weniger als einem Zehntel aus Elementen, die der Baum der Erde entnommen hat. Fast der gesamte Baum besteht aus Stoffen, die er über die Blätter aus Licht, Luft und Sonne gewonnen hat. Langsam und schleichend schwächen uns Behausungen, wenn sie vorwiegend aus Stoffen bestehen, die unterirdisch gewonnen werden. Alle Stoffe, mit denen wir uns kleiden – vom Hemd bis zu Mauer und Dach – sollten aus oberirdisch entstandenen und gewachsenen Elementen bestehen, wenn sie uns Kraft geben, statt Kraft kosten sollen.

Jedes tief aus der Erde stammende oder aus Erdöl gewonnene Produkt – Metalle, Beton, Farben, Lacke, Kunstfaserkleidung, Kunststoffe etc. – übt auf uns Menschen eine schwächende Wirkung aus, wenn wir uns diesem Produkt über längere Zeit aussetzen, als Kleidung, als Wandfarbe, als Behausung. Holz mit chemischen, aus Erdöl gewonnen Farben oder Lasuren zu behandeln, ist deshalb nicht nur gleichbedeutend mit einer Verwandlung des Holzes in zukünftigen Giftmüll, sondern es nimmt dem Holz das Licht und das Leben. Es schaltet die aus Licht gewonnene Energie im Holz aus, die auf uns heilsam und kräftigend wirkt.

So genau achteten unsere Vorfahren auf die besondere

Kraft, die vom Holz ausgeht, dass sie sogar nur ganz bestimmte Verlege- oder Einbaurichtungen wählten, der jeweiligen Aufgabe des Holzes angepasst. Bei Böden etwa sorgten sie dafür, dass die Baumspitze abwechselnd nach hinten dann wieder nach vorne gerichtet nebeneinander zu liegen kamen. Niemals verlegten sie Bodenbretter quer zum Eingang (es sei denn, sie hätten jedem Eintretenden zu verstehen geben wollen, dass er unerwünscht ist). Heute können manche Schreiner am Holzbrett nicht einmal mehr erkennen, wo ursprünglich Wurzel und Wipfel waren.

Mit einem Satz: Es ist, als ob Holz eine Form gerichteter und nährender Kraft besäße, die uns vor zahllosen negativen Umwelteinflüssen und Strahlungen schützen kann. Es stärkt den Organismus des Menschen – ein Lebewesen ebenso wie das Lebewesen Baum. Oberirdisch wachsendes Holz ist ein Stoff des Lebens, nicht des Sterbens. Beton, Erdöl, Metall, sogar das unterirdische Wurzelholz nehmen uns Kraft.

Warum verzichten wir seit kurzer Zeit weitgehend und leichten Herzens auf diesen wunderbaren Stoff und ersetzen ihn durch andere, die uns krankmachen und manchmal noch nach Jahrtausenden nicht in den Kreislauf der Natur zurückfinden?

Mit einem Teil unserer Arbeit wollen wir den Weg ebnen zu einer neuen Einsicht zur Erinnerung daran, worauf wir verzichten, wenn wir den Wald und seine Geschenke weiterhin so behandeln wie derzeit: als eintönige, verwahrloste Rohstofffabrik auf der Grundlage von Monokulturen oder wie eine alte Ruine, die langsam vor sich hin stirbt, weil niemand sie wirklich braucht und pflegt. Wir müssen stattdessen den Wald als Zufluchtsort einer bis zur Unberührbarkeit verklärten Natur um jeden Preis schützen – auch um den Preis der Vernunft. Diese Quellen eines fast vergessenen Reichtums zu schützen und zu pflegen ist eine der wichtigsten Aufgaben unserer Zeit.

Der Umgang mit dem Lebensmittel Holz ist heutzutage in fast allen Bereichen kein Kreislauf mehr, wie es die Natur vorgesehen hat, sondern eine Einbahnstraße: vom Wald über die industrielle Ausbeutung zur Sondermülldeponie. Kaum ein Verwendungszweck, in dem Holz heute nicht mit den Produkten der Chemie in Berührung kommt, die über Schutz- und Pflegemittel das Holz in Giftmüll verwandeln.

Viele unserer Leser wissen inzwischen: Eine sinnvolle und giftfreie Holzverarbeitung wird erst durchführbar durch die Wahl des richtigen Zeitpunkts bei Holzernte und Verarbeitung. Vielfach macht das Achten auf den Mondstand den Verzicht auf Chemie überhaupt erst möglich, sowohl bei der Waldpflege (Schädlingsbekämpfung, Düngung etc.) als auch bei der Holzverarbeitung. So kann beispielsweise der Wildverbiss von Jungpflanzen allein durch das Pflanzen bei Jungfrau fast gestoppt werden. Allein durch die Wahl des richtigen Zeitpunkts beim Holzfällen und bei der Umwandlung in Bauholz, Brücken, Dachstühle, Fenster, Möbel etc. gewinnt das Holz eine Festigkeit und Beständigkeit, die es Generationen überdauern lässt – *ohne jeden Holzschutz*. Wer ohne Beweise nicht leben kann: Wir empfehlen ihm den Besuch in Museumsdörfern und den Anblick fast ein Jahrtausend alter Bauernhäuser, die ohne chemischen Holzschutz fortbestehen.

Wir wissen heute schon sehr viel über die krankmachenden Eigenschaften zahlreicher moderner Farben, Baustoffe und Ausbaustoffe. Und wenn wir die Schadwirkung noch nicht »bewiesen« bekamen, dann fühlen wir sie doch. Was tun? Welcher Weg führt aus der Sackgasse? Womit all diese Stoffe ersetzen? Holz kann zumindest eine Antwort auf diese Fragen geben. Dass man schon bald überall an Holz, Bauholz oder Möbel gelangt, die giftfrei herangewachsen und verarbeitet sind und deren Haltbarkeit jedem Bedarf gerecht wird – das ist das Ziel unseres Denkens und unseres Einsatzes. In Österreich haben wir bisher zwar Waldbauern, aber noch keinen *zuverlässigen* Holzhändler oder Sägewerksbesitzer gefunden, der Ihnen solches Holz zur Verfügung stellt, aber wir hoffen, schon bald mit unserer Suche Erfolg zu haben.

In Zeiten wie diesen, in denen umweltbewusster Waldbau, naturgemäßer Hausbau und generell der Schutz von Mensch und Natur vielen Menschen wieder ganz deutlich bewusst geworden sind, kann das Wissen um die Mondrhythmen in der Holzgewinnung und Verarbeitung einen großen Beitrag leisten. Es ist einfach undenkbar, dass unsere Vorfahren Häuser, Kirchen, Brücken und Möbel gebaut hätten, die, giftfrei errichtet und gepflegt, jahrhundertelang bis heute allen Umwelteinflüssen widerstanden haben, ohne das Wissen, wie man den Wald pflegt, wie man den richtigen Zeitpunkt für die Ernte wählt und wann man welches Holz für welchen Zweck verwendet.

Vielleicht können bald wieder viele Menschen den Unterschied zwischen einer handgefertigten Hausbank und einem industriell hergestellten Möbel erkennen. Oder den Unterschied zwischen sommer- und wintergefälltem Holz am Lagerplatz: Das eine wird von Holzwespen umschwirrt und riecht süßlich, das andere wird von Schädlingen in Ruhe gelassen und riecht eher herb-aromatisch. Vielleicht kommen bald wieder die alten Holzverbindungstechniken »in Mode«: Ohne ein Milligramm Metall, ohne ein Milligramm Leim, ohne ein Milligramm Gift – im ganzen Haus.

Für Sie haben wir dieses Kapitel geschrieben. Für einen Menschen, der noch den Unterschied *fühlt* zwischen einem liebevoll und von Hand gefertigten Holzmöbel und dem gleichen Möbel vom Fließband. Der fühlt, dass die lebendige Strahlung dieses Möbels noch nach Generationen spürbar ist. Der fühlt, dass er mit diesem Stück Holz seine Heimstätte lichter und lebendiger gemacht hat.

Für Sie, der noch ein Gespür dafür bewahrt hat, was Leben ist. Der weiß, dass jede Form von Arbeit, Hingabe und Anstrengung nur sinnvoll und von Dauer ist, wenn sie mit Liebe gemacht werden und nicht unter Zeitdruck oder im Akkord.

Für Sie, dem es nicht gleichgültig ist, ob wir uns weiterhin vergiften und in Vergessenheit geraten lassen, was uns überhaupt erst eine lebenswerte Zukunft ermöglicht. Dem es nicht egal ist, ob das Holz, das er in welcher Form auch immer erwirbt, Raubbau an unserer Natur bedeutet oder sinnerfüllte Arbeit für viele, die heute untätig zu Hause sitzen und deren Talente und Wissen brachliegen.

Für *Sie* haben wir dieses Kapitel geschrieben.

Aus klaren Augen

Fenster verglasen und einsetzen

Die Einführung von Gütezeichen auf dem Markt ist an sich eine gute Sache: Der Kunde erhält in gewissem Umfang eine Garantie für Beständigkeit und gleichbleibende Qualität von Waren und Dienstleistungen. Wie aber *genau* diese Qualität beschaffen ist, unter welchen Bedingungen die Anbieter ein Gütesiegel führen dürfen, das herauszufinden ist oftmals nicht so einfach. Wer intensiver nachforscht, macht oft die Entdeckung, dass Gütesiegel schon bei Einhaltung von Standards und Grenzwerten erteilt werden, die alles andere als »gesund«, »biologisch« und »natürlich« sind. Der »grüne Punkt« ist hier ein Beispiel.

Speziell was die Lebensdauer bestimmter Dinge betrifft – Holzbauteile, Isolierungen etc. – werden Gütesiegel erst verliehen, wenn unter Einsatz von viel Chemie die Voraussetzungen erfüllt sind.

Die Güteüberwachung ist zudem ein Mittel zur Normung. »Normen« werden jedoch nach dem jeweiligen »neuesten Stand der Wissenschaft« aufgestellt, was zwar recht beeindruckend klingt, aber letztlich absolut gar nichts aussagt. Höchstens, dass der »neueste Stand der Wissenschaft« übermorgen ein alter Hut ist, der als steinzeitlich belächelt wird.

Am Beispiel der Fenstertechnik lässt sich das gut verdeutlichen: Holzfenster sehen heutzutage so kalt wie Plastikfenster aus, sie fühlen sich so an und sie *sind* auch so: glatt und

kalt wie Metall, jedes Leben herausgefräst, herausvergiftet, zulackiert. Der Grund dafür ist, dass sich nur noch Großfirmen jene Maschinen leisten können, mit denen sich schnell und »wirtschaftlich« Fenster herstellen lassen. Diese Firmen fühlen sich gezwungen, auf Grund von Garantieversprechen und von Auflagen, die aus der Führung eines Gütesiegels erwachsen, nur noch astfreies Holz zu verwenden (damit keine Astlöcher entstehen), das Holz zu vergiften (damit es nicht verrottet oder von Schädlingen befallen wird) und Kunstharzfarben zu verwenden (damit sich das Holz nicht verfärbt). Das alles nur, weil bei der Holzernte und Verarbeitung nicht auf den richtigen Zeitpunkt geachtet wird. Verständlich, dass sich diese Firmen damit entschuldigen, dass »der Kunde es so will«. Mag stimmen, aber das sind nur die *nicht informierten* Kunden.

Kleine Firmen können sich weder solche Maschinen leisten noch Gütesiegel führen, weil die nötigen Gutachten viel zu teuer sind. Genau hier beißt sich die Katze in den Schwanz: Kleine Firmen sind unsere Zukunft, was Natürlichkeit und Gesundheitswert vieler Dinge des Alltags betrifft – von Lebensmitteln über gesundes Bauen und Wohnen bis zum biologisch lasierten Fenster. Und genau diese Firmen erhalten keine Gütesiegel!

Wir haben Ihnen diese Information gegeben, weil Sie Gütesiegel nicht brauchen und leicht auf diese Garantien verzichten können: Wenn bei der Holzernte, bei Verarbeitung und Einbau der richtige Zeitpunkt beachtet wird, ist ein Fenster teilweise viel länger haltbar als mit heute üblichen Methoden hergestellt und verarbeitet. Sie müssen sich nur ein wenig umschauen. Es gibt diese Firmen und Handwerker, und sie freuen sich schon darauf, Fenster für Sie herstellen zu dürfen – und noch viele andere Dinge, die von den Mondregeln profitieren.

Auch das Verglasen von Fenstern gehört zu diesen Dingen: Manche Familien müssen sich ständig über trübe, angelaufene Fenster ärgern, obwohl die Fenster scheinbar wie ein Ei dem anderen denen des Nachbarn gleichen und womöglich bei derselben Firma hergestellt wurden. Diese Firma könnte in Zukunft der Gefahr von Regressforderungen aus dem Weg gehen.

Waren klare Doppelfenster einige Jahrzehnte lang Glücksache, so haben Sie es heute in der Hand. Der Zeitpunkt des Verglasens und Einsetzens ist in hohem Maße ausschlaggebend dafür, ob Sie Freude an Ihren Fenstern haben oder nicht. Wer später zusätzlich auch noch beim Putzen auf den richtigen Zeitpunkt achtet, wird für seine Fenster immer Bewunderung ernten. Warum Fenster dadurch schöner, klarer und sauberer werden, können auch wir Ihnen nicht begründen. Wir bekräftigen, dass es so ist, und möchten Ihnen nur raten, es einfach auszuprobieren.

Bei zunehmendem Mond oder in einem Wasserzeichen (Krebs, Skorpion, Fische) verglaste Holzfenster und Wintergärten können sich verziehen, schlecht schließen und durch eindringende Feuchte vorzeitig morsch werden. Dafür ist schlicht ein Naturgesetz verantwortlich, und es ist Zeichen dafür, dass man nicht einkalkuliert hat, Holz als lebendiges Wesen zu betrachten, das nicht einfach irgendwann geerntet und auch noch zu beliebigen Zeiten maschinell und gewaltsam getrocknet und in Form gebracht werden darf. Holz ist dann in gewissem Sinne »beleidigt« und versucht, aus seiner misslichen Lage auszubrechen. So entstehen unruhige, nicht schließende, angelaufene Fenster. Natürlich ist ein guter oder schlechter Fensterhersteller auch nicht gerade von zweitrangiger Bedeutung.

Wenn Sie sichergehen wollen und vor allem, wenn Sie nicht wissen, ob das Holz für Türen und Fenster zum rechten Zeitpunkt geschlagen wurde, achten Sie auf die Regel:

Die Grundregeln für das Verglasen und Einsetzen von Fenstern

Sehr gut:	In den Tierkreiszeichen Wassermann und Zwillinge
Gut:	Bei abnehmendem Mond, mit Ausnahme von Krebs, Skorpion und Fische
Schlecht:	Bei abnehmendem Mond in Krebs, Skorpion und Fische
Sehr schlecht:	bei zunehmendem Mond in Krebs, Skorpion und Fische und bei Vollmond.

Die Folgen der Ausführung zum richtigen Zeitpunkt

Fenster bleiben klar

Die Folgen der Ausführung zum falschen Zeitpunkt

Bei Krebs, Skorpion und Fische faulen die Fenster. Bei zunehmendem Mond bewegen sie sich stärker. Bei Schütze und Löwe knacksen sie laut.

Und nicht vergessen

Auch beim Wiedereinsetzen herausnehmbarer Winterfenster entscheidet der Zeitpunkt darüber, ob sie im Winter ständig schwitzen oder beschlagen. Es gelten die gleichen Regeln wie für das Einsetzen neuer Fenster. Wann Fenster gestrichen werden sollten und warum gerade dann, erfahren Sie im Kapitel über Malerarbeiten ab Seite 83.

Wenn Sie das Pech hatten, bei der Verglasung Ihrer Fenster den falschen Zeitpunkt erwischt zu haben, können Sie durch das Putzen zum richtigen Zeitpunkt im Laufe der Zeit einiges wieder gutmachen. Vielleicht haben Sie es schon bemerkt: Oft bleiben beim Fensterputzen Streifen und Schlieren zurück, obwohl Sie nach genau derselben Methode vorgegangen sind wie sonst. Probieren Sie es einfach aus: Wenn Sie auf den abnehmenden Mond und einen Licht- oder Wärmetag (Zwillinge, Waage, Wassermann und Widder, Löwe, Schütze) achten, genügen schon Wasser mit einem Schuss Spiritus und Zeitungspapier, um freie Sicht zu gewähren.

Bei der Reinigung stark verschmutzter Fensterrahmen würden Sie übrigens bei abnehmendem Mond und an einem Wassertag (Krebs, Skorpion, Fische) noch bessere Ergebnisse erzielen. An diesen Tagen sollten Sie das Holz jedoch hinterher sehr gut trocknen. Fensterstöcke keinesfalls bei zunehmendem Mond reinigen und niemals nur von einer, sondern immer von beiden Seiten, damit nicht einseitige Quellungen entstehen. Früher wurden die Fenster ausgehängt und von beiden Seiten nur mit dem Wasserschlauch abgespritzt, volles Rohr. Erst später, als die »modernen« Fenster kamen, hatte man mit verzogenen Rahmen zu kämpfen.

Ein Geschenk des Himmels – Teil 2

Holztreppen und Dachstühle fertigen und aufstellen

Wir möchten es wiederholen: Nach den Mondphasen geerntetes und verarbeitetes Holz ist ein unschätzbar wertvoller und langlebiger Baustoff für eine Vielzahl von Anwendungsbereichen – vom Möbelstück über Straßenbrücken bis zur Schwimmhalle. Wie steht es denn mit Ihrer eigenen Erfahrung? Vielleicht gehören Sie zu den zahlreichen Menschen, die ihre ganz persönliche Erfahrung mit der Dauerhaftigkeit von Beton machen durften, etwa wenn in Ihrer Nähe Betonbrücken nach wenigen Jahrzehnten zerbröselten und monatelange Baustellen für Staus ohne Ende sorgten. Oder wenn einbetonierte Holzpfosten locker wurden – Holz intakt, Betonsockel zerstört.

Wer noch Zweifel hat, sollte einmal ein Museumsdorf besuchen und sich die teilweise 600 Jahre alten Bauernhäuser anschauen, deren Holz ohne jede Chemie überdauert hat. Leider sind inzwischen manche aus Unwissenheit vergiftet worden, um sie zu »schützen«. Wovor?

Nach den Natur- und Mondrhythmen verarbeitet und eingebaut, ist Holz »zufrieden« und bleibt ruhig, es hat Raum. Besondere Schutzmittel sind meist überflüssig, in Innenräumen ohnehin. Für seine (im Außenbereich notwendige) Pflege ist Überstreichen mit natürlichen Ölen, Lasuren und Farben im Abstand von fünf Jahren völlig ausrei-

chend. Wenn Sie solch »zufriedenes« Holz in Ihren Holztreppen und im Dachstuhl wünschen, dann sollten Sie sich an die Grundregeln halten:

Die Grundregeln für Fertigung und Aufrichten von Dachstühlen und Holztreppen

Sehr gut:	Bei abnehmendem Mond im Tierkreiszeichen Steinbock
Gut:	Bei abnehmendem Mond, mit Ausnahme der Löwe-, Schütze- und Krebs-Tage
Schlecht:	Generell bei zunehmendem Mond, aber auch bei abnehmendem Mond in Löwe, Schütze und Krebs
Sehr schlecht:	Bei zunehmendem Mond in Löwe, Schütze und Krebs und bei Vollmond

Die Folgen der Ausführung zum richtigen Zeitpunkt

Der Dachstuhl bleibt ruhig. Kein Reißen oder Heben der Balken und Unterlatten. Holztreppen knarren nicht. Hohe Haltbarkeit.

Die Folgen der Ausführung zum falschen Zeitpunkt

Holztreppen gleiten leichter aus den Fugen, bei Schütze starkes Arbeiten und Knarren. Bei Löwe trocknet das Holz zu schnell, etwa nach hoher Luftfeuchtigkeit, daher springt es leichter. Der Dachstuhl kann sich heben oder verziehen.

Und nicht vergessen

Sollten Sie die Möglichkeit haben, ein Schindeldach zu errichten, achten Sie auf die Drehrichtung des Lärchenholzes. Es sollte gerade oder leicht nach links laufen. Bei feuchter Witterung streckt sich dann die Schindel, in der Sonne dagegen krümmt sie sich leicht und lässt Luft zur Trocknung unter die Oberfläche dringen.

Auch das *Dacheindecken* kann vom richtigen Zeitpunkt profitieren. Allerdings war das Achten darauf früher wichtiger als heute, weil die Dachziegel und -platten auf Grund der Verarbeitungstechniken leichter brechen konnten (unter schweren Schneelasten oder bei starken Temperaturunterschieden). Nur zur Sicherheit also, aber heute nicht mehr unbedingt notwendig: Der abnehmende Mond, idealerweise bei Steinbock, ist die beste Zeit für das Dachdecken. Bei zunehmendem Mond eingedeckt, halten die Dachziegel manchmal nicht gut zusammen und können sich verschieben. Wassertagen (Krebs, Skorpion, Fische) sollte man aus dem Weg gehen, weil das Dach sonst leichter verschmutzt und die Moosbildung gefördert wird.

Bei *Stroh- und Schindeldächern* wäre es allerdings auch heute noch von Vorteil, den Mondkalender zu konsultieren: Das Stroh sollte bei zunehmendem Mond geerntet und vorbereitet werden, damit es füllig bleibt (wie beim einem Federbett!). Das Eindecken sollte dann bei abnehmendem Mond erfolgen, nicht jedoch in den Zeichen Widder, Löwe und Schütze, weil dann die Brandgefahr wegen starker Austrocknung wächst.

Und noch ein Tipp, bei dem man zu Recht von »Kleiner Ursache mit großer Wirkung« sprechen kann: So manche etwa durch Laub verstopfte Dachrinne hat schon große Wasserschäden an Hausfassaden und in Innenräumen angerichtet. Auf den richtigen Zeitpunkt ihrer Reinigung zu achten ist sehr sinnvoll. Dachrinnen verstopfen nicht so leicht, wenn man sie bei abnehmendem Mond reinigt, und bleiben länger sauber.

Sollten Sie ein Ziegeldach haben, das von Moos bedeckt ist, achten Sie bitte ebenfalls auf den Tag der Reinigung: mit einer starken Bürste bei abnehmendem Mond im Steinbock. Dann haben Sie lange Zeit Ruhe vor dem Moos. Ausbesserungen an Ziegeln sind ebenfalls bei abnehmendem Mond günstig. Das Tierkreiszeichen ist dann nicht so wichtig; Sie sollten nur dem Krebs aus dem Weg gehen. Besonders nach starken Schneefällen ist es ratsam, das Dach zu kontrollieren. Am anfälligsten sind Ziegel im Frühling nach längeren Kälteperioden, wenn sich pausenlos tagsüber Schneeschmelze mit nächtlichem Eis abwechseln.

Lassen wir Holz leben!

Holz arbeitet. Selbst das beste wintergeschlagene Eichenholz, das in mancher Hinsicht bessere Eigenschaften als Stahl besitzt, selbst dieses Holz arbeitet, bewegt sich, dehnt sich aus, zieht sich zusammen.

Diese Eigenschaft von Holz zu bekämpfen heißt, es töten. Wo absolute Starre und Unbeweglichkeit gefordert ist, sollte man lieber gleich Stein, Metall und Kunststoff verwenden, statt Holz einzusperren, mit Kunstharzlack abzudichten oder in Metallkonstruktionen zu zwängen.

Holz mit Chemie oder Metall zur Ruhe zu zwingen, weil man nicht auf den Zeitpunkt geachtet hat, ist dasselbe wie das unmenschliche »Ruhigstellen« in Nervenheilanstalten oder das Benotungssystem an unseren Schulen. Beides zerstört. Erst durch diese Zwangsmaßnahmen kommen die Giftstoffe zu uns. Unnatürlich hohe Erträge in der Landwirtschaft bedürfen der Pflanzengifte und chemischen Düngemittel. Unnatürlich lange Lebensdauer bei welchem Produkt auch immer bedarf der Gifte. Die Erfüllung aller überzogenen Wünsche kann nur durch überzogene, unnatürliche Mittel erreicht werden. Die sind wiederum nur um einen langfristig viel zu hohen Preis zu erhalten.

Haltbar, resistent, unverwüstlich, dauerhaft, langlebig – jede dieser werbewirksamen Eigenschaften eines Produkts sollte Sie zu der Frage führen: Lässt sich das Produkt ohne Aufwand in den Kreislauf der Natur zurückführen? Oder sollen Archäologen in tausend Jahren unsere Unvernunft am Inhalt unserer Müllhalden und am Giftgehalt unserer Knochen messen?

Warum kann sich dieser Zustand so lange halten?

Die Industrie hat die Mittel, uns weiszumachen, das alles sei notwendig, weil sie vom Verkauf der Gifte und ihrer Entsorgung gut lebt. Deshalb wird auch so viel für Wiederverwertung geworben und so wenig für Gift- und Müllvermeidung.

Die gesetzlich festgelegten Grenzwerte für die Menge der Schadstoffe in Baustoffen, Lacken etc. sind festgelegt nach

Maßstäben, die vielleicht im Labor gut aussehen, aber niemals im Einzelfall gültig sind, und das ist Ihr Fall oder der Ihrer Kinder. Grenzwerte sollen in erster Linie Hersteller und Industrie schützen, nicht aber den Menschen. Davon müssen Sie leider ausgehen. Der Staat legt Grenzwerte fest. Derselbe Staat schützt das Holz in den Forsthäusern seiner Forstbeamten von *innen* mit völlig überflüssigen, giftigen Holzschutzmitteln, so dass hunderte von ihnen schwere körperliche Schäden davontragen. Derselbe Staat soll uns vor giftigen Holzschutzmitteln schützen?

Lange, lange nachdem wir, die Einzelnen, Wirtschaft und Staat bewiesen haben, dass irgendein Stoff uns zu hunderten umbringt, geschieht etwas. Wir dürfen nicht auf Staat, Wirtschaft und Versicherungen hoffen, sonst sind wir verlassen. Wir müssen unser Schicksal selbst in die Hand nehmen.

Traurig ist, dass auch die moderne Wissenschaft viel dazu beigetragen hat, falsche Wege einzuschlagen. Der Zwang, alles erst beweisen zu müssen, bevor man es anwendet, hat so viel Gutes zerstört und Schaden angerichtet, dass man manchmal verzweifeln könnte angesichts der Überheblichkeit auf Seiten der studierten Titelträger.

Trotz all dieser Arroganz gegenüber dem Erfahrungswissen einfacher Menschen ignoriert die Wissenschaft seltsamerweise dort, wo es angebracht wäre, die eigenen Spielregeln. Etwa im Bereich der Gentechnologie und Atomkraft. Beide Bereiche bringen ausnahmslos und ausschließlich Verderben über die Menschen. Ihr Schaden ist heute schon tausendfach größer als ihr vermeintlicher Nutzen. Viele Menschen wissen das genau, auch unter den Wissenschaftlern.

Fast alle sind jedoch zu stolz, zu gierig oder zu ängstlich, dies zuzugeben. Entscheidend ist, dass einerseits die Wissenschaft auf altes Erfahrungswissen verzichtet, weil »es keine Beweise gibt«, andererseits sie aber den Wahnsinn der Gentechnologie und Atomkraft weiterverfolgt, obwohl es keine Beweise dafür gibt, dass sie den Menschen auch nur einen Schritt voranbringen.

Einfache Menschen fühlen oft genau, was richtig und falsch ist, spüren genau, dass hinter Gentechnologie und Atomkraft ausschließlich »wirtschaftliches Interesse«, sprich: Geldgier steckt, niemals jedoch ein liebevolles Interesse am Wohlergehen der Mitmenschen.

Kunststoffe, Metall und Beton hatten in vielen Bereichen nur deshalb eine Chance, Holz als Baustoff zu ersetzen, weil man fast über Nacht altes Erfahrungswissen ins Reich des Aberglaubens verbannte – aus Geldgier, Expertenarroganz oder falschem Stolz. Glücklicherweise gibt es viele Menschen, die im Laufe der Zeit immun geworden sind gegen den Vorwurf der »Primitivität«, wenn sie nach alten Regeln arbeiteten und Häuser bauten und renovierten. Heute werden es immer mehr.

Wandeln wie auf Wolken

Bodenbeläge verlegen

Ganz in Ihrer Nähe gibt es bestimmt einen kleinen Betrieb, der natürliche Bodenbeläge – Wollteppichböden, Linoleum, Kork etc. – ohne jede Chemie anbietet. Fast alle dieser Betriebe machen sicherlich keine Riesenumsätze, sind eher idealistisch orientiert und bieten allerbeste Kundenberatung und -betreuung. Warum also holen wir uns das Plastikzeug vom Großbetrieb weit draußen vor der Stadt? Weil es billiger und schöner ist? Haltbarer vielleicht?

Selbst wenn kein Holz im Spiel ist, auch das Verlegen von Naturbodenbelägen kann vom Mondstand profitieren. Sie sollten nur auf eine Vorbedingung achten, nämlich dass das Verlegen selbst unbedingt *bei Raumtemperatur* erfolgen sollte, gleichgültig, um welches Material es sich handelt.

Die Grundregeln für das Verlegen von Bodenbelägen

Gut:	Bei abnehmendem Mond
Schlecht:	Generell bei zunehmendem Mond, besonders bei Vollmond

Die Folgen der Ausführung zum richtigen Zeitpunkt

Gute Anpassung an den Untergrund, kein Werfen, keine Fugenbildung bei Naturstoffen. Der Belag wölbt sich auch bei

starken Schwankungen von Temperatur und Luftfeuchte nicht auf. Kleber hält besser.

Die Folgen der Ausführung zum falschen Zeitpunkt

Gefahr der Fugen-, Wellen- und Faltenbildung durch stärkeres Zusammenziehen und Ausdehnen. Kleber hält nicht so gut.

Und nicht vergessen

Randleisten, ob aus Holz oder anderen Materialien, lösen sich nicht, wenn bei abnehmendem Mond angebracht. Jede Hausfrau weiß, wie man sich beim Putzen von hölzernen Randleisten verletzen kann, wenn die kleinen Nägel herausstehen. Das passiert nicht, wenn man auf den abnehmenden Mond achtet.

Wenn Kostenwahrheit herrschen würde, dann wären Wolle, Kork, Sisal, Linoleum nicht nur die gesündesten, sondern auch die erschwinglichsten Grundstoffe für Bodenbeläge aller Art und Farbe. Manchmal aber wird mit einem Argument für das Beibehalten heutiger Zustände geworben, das es verdient, etwas genauer betrachtet zu werden. Nämlich der Erhalt von Arbeitsplätzen. »Viele Arbeitsplätze sind gefährdet, wenn die Produkte dieser oder jener Industrie nicht mehr staatlich gefördert oder gekauft werden, wenn man Grenzwerte herabsetzt, wenn man auf diese Träumer hören würde …« – so oder ähnlich hört man dann bestimmte Leute reden, die ein Interesse daran haben, wieder gewählt zu werden oder bestimmte Produkte zu fördern.

Man sollte irgendwann einmal die Gegenfrage stellen: Welchen Sinn ergibt ein Arbeitsplatz, an dem Dinge hergestellt werden, die über kurz oder lang uns und unsere Kinder vergiften? Mit welcher Befriedigung und Freude füllt ein Mensch einen solchen Arbeitsplatz aus?

Weil *jeder* Mensch tief drinnen die Wahrheit spürt, gibt es oft gerade im Umfeld sinnwidriger Arbeitsplätze die meisten Titel, Orden und Ehrenzeichen für »gute Arbeit«, die meisten Beförderungen, die höchsten Gehälter, die lautesten und größten Clubs, Vereine und Organisationen, die den »Stolz« auf solche Arbeit fördern sollen – mit einem Wort: die meisten Bestechungen und Betäubungen, um ja nicht zu fühlen, was man *wirklich* leistet, für sich, für seine Kinder, für den Mitmenschen.

Beobachten Sie einmal zum Spaß, welche Menschen den Nobelpreis erhalten, einen der begehrtesten Preise überhaupt, und für welche Leistungen sie ihn erhalten. Sie können sich dann ihr eigenes Urteil bilden.

Und fragen Sie sich zuletzt: Welchen Sinn macht ein Arbeitsplatz, dessen Leistung und Produkt wenigen nützt und vielen schadet? Warum ihn verteidigen?

Stellen Sie diese Frage übrigens nur sich selbst, keiner Gewerkschaft. Gewerkschaften haben früher unschätzbar Wertvolles geleistet, um die Ausbeutung der Arbeitnehmer zu bremsen. Sie leisten heute viel Unsinniges bei der »Absicherung« von Arbeitsplätzen bis hin zur Unbezahlbarkeit von Arbeitskraft und zur absoluten geistigen Unbeweglichkeit und zum träge-erstarrten »Sicherheitsdenken« der Arbeitnehmer, die sich damit in den Schlaf wiegen.

Vielleicht haben wir Ihnen ein wenig helfen können, das Argument der Arbeitsplatzsicherung zur Verteidigung Gift produzierender Firmen in anderem Licht zu sehen. Wie gesagt, wenn Kostenwahrheit herrschen würde, dann wären Naturstoffe die erschwinglichsten Grundstoffe für Bodenbeläge aller Art und Farbe.

Schutz für die »dritte Haut«

Verputzen und Ausbessern

Verputzen und Ausbessern – zwei Tätigkeiten, mit denen sich gerade in den letzten Jahren viele Hände beschäftigen. Es gibt ungeheuer viel zu tun, besonders auf dem Gebiet der Erhaltung von denkmalgeschützten Gebäuden. Gerade bei alten Schlössern, Kirchen und Kapellen könnte man Unsummen sparen, wenn man bei der Renovierung auf den richtigen Zeitpunkt achtete. Wir kennen zwar inzwischen einige Beamte, die den Mut hatten, in ihrem Zuständigkeitsbereich nach den Mondregeln zu arbeiten – im Gartenbau, bei der Wildbachverbauung, und auch beim Renovieren –, aber in der Regel ist es immer noch von Nachteil, wenn der Staat für solche Dinge zuständig ist. Meistens ist es ihm gleichgültig, ob er sinnlos verpulvert oder sinnvoll angelegt hat. Dabei hätte gerade der Staat die Möglichkeit, Firmen anzuweisen, auf den richtigen Zeitpunkt zu achten.

»Wo kämen wir denn da hin?« ist oftmals die einzige Reaktion auf Seiten der Amtsträger, fast wie bei spießigen Vätern, die ihren fast erwachsenen Söhnen nicht erlauben wollen, mit der Freundin allein ins Wochenende zu fahren. Mit anderen Worten: Viele haben Angst davor, Erfahrungen zu machen, die ihnen neue Wege zeigen würden.

Ein gar merkwürdiges Wesen ist der Mensch. Jahrzehntelang duldet er das Schlechte in seinem Alltag, obwohl er allzeit die Freiheit und Möglichkeit hätte, das Schlechte hinter sich zu lassen und gegen das Gute einzutauschen. Er duldet aus Angst, es könnte etwas noch Schlechteres nachkommen. Oder aus Stolz zuzugeben, dass er sich womöglich geirrt hat. Oder aus Angst vor dem, was die Nachbarn/Kirche/Eltern/ Vorgesetzte sagen könnten.

»Wo kämen wir denn da hin?« fragen ängstliche Naturen. Die Antwort lautet: Nach Hause. Giftfrei, natur- und menschenfreundlich betriebenes Bauen und Renovieren wird durch das Wissen um die Mond- und Naturrhythmen viel leichter und erfolgreicher und ist teilweise sogar erst dann zu verwirklichen. Bei abnehmendem Mond Volldampf voraus arbeiten und ankurbeln, bei zunehmendem Mond kürzer treten, einatmen, ausspannen, öfters nach Hause gehen und der Muße huldigen. So hat es die Natur vorgesehen. Wo kämen wir also hin? Zum vernünftigeren und liebevollerem Umgang mit uns selbst und anderen Menschen und – zur Vollbeschäftigung.

Wir kämen zum dauerhaften Erfolg der Tätigkeiten Verputzen und Ausbessern: Selbst an Neubauten lassen sich außen und innen oft Risse im Putz beobachten, manchmal fallen gar schon nach kurzer Zeit ganze Putzscheiben aus der Mauer. Die Gründe dafür werden meist in der Qualität der verwendeten Baustoffe, in den Wetterverhältnissen oder in starken Temperatur- und Luftfeuchteunterschieden gesucht, selten jedoch im falschen Zeitpunkt der Arbeit, der Hauptursache. Solchen unerwünschten Folgeerscheinungen können Sie aus dem Weg gehen:

Die Grundregeln für Verputzen und Ausbessern

Sehr gut:	Bei abnehmendem Mond, jedoch nicht in Krebs, Skorpion und Fische
Gut:	Bei abnehmendem Mond, mit Ausnahme der Krebs-Tage
Schlecht:	Generell bei zunehmendem Mond, aber auch bei abnehmendem Mond im Krebs und bei Vollmond
Sehr schlecht:	Generell bei zunehmendem Mond in Krebs und Löwe und besonders bei Vollmond in Krebs oder Löwe

Die Folgen der Ausführung zum richtigen Zeitpunkt

Der Putz bleibt fest und dauerhaft. Die Ausbesserungsarbeit hält viel länger. Die Übergänge zwischen neuem und altem Putz sind viel schöner.

Die Folgen der Ausführung zum falschen Zeitpunkt

Putz kann Risse bilden und sich schon nach kurzer Zeit wieder lösen. Bei Krebs haftet der Putz schlecht, Löwe ist ungünstig, weil die Trocknung zu rasch verläuft. Der Putz verbindet sich dadurch nicht gut mit der Unterlage und bröckelt später wieder ab.

Und nicht vergessen

Wenn Sie dann den Putz streichen, sollten Sie es bei abnehmendem Mond in einem Luft- oder Feuerzeichen tun. Feuchte Keller bei abnehmendem Mond Löwe streichen.

Ein Geschenk des Himmels – Teil 3

Holzdecken und Holzböden anbringen

Für das Verlegen von Holzböden gelten ähnliche Regeln wie für Holztreppen. Bei abnehmendem Mond verlegt, bleibt der Boden ruhig und fest (es sei denn, Sie haben einen Kobold im Haus). Auch ein häufiges feuchtes Aufwischen kann ihm dann nichts anhaben. Hier die Grundregeln:

Die Grundregeln für das Verlegen von Holzböden und Holzdecken

Sehr gut:	Bei abnehmendem Mond in Steinbock
Gut:	Bei abnehmendem Mond, mit Ausnahme der Löwe-, Schütze- und Krebs-Tage
Schlecht:	Generell bei zunehmendem Mond, aber auch bei abnehmendem Mond in Löwe, Schütze und Krebs
Sehr schlecht:	Bei zunehmendem Mond in Löwe, Schütze und Krebs und bei Vollmond

Die Folgen der Ausführung zum richtigen Zeitpunkt

Hohe Festigkeit und Unempfindlichkeit. Holz fault nicht.

Die Folgen der Ausführung zum falschen Zeitpunkt

Boden wird nach Jahren morsch und uneben, Gefahr der Kluftbildung, besonders bei Krebs verlegt. Starkes Knarren,

besonders bei Wetterwechseln und Temperatur- und Feuchteschwankungen. Holzdecken und Verkleidungen knarren, das Holz arbeitet stärker und kann kluftig werden.

Und nicht vergessen
Heutzutage sind natürlich behandelte, geölte oder gewachste Naturholzböden sehr pflegeleicht und auch nach langem Gebrauch noch schön.

Fürs Holz unter den Füßen

Kürzlich fanden wir eine Werbeanzeige für Teppichböden, in der sich ein Kind am harten Holzfußboden den Kopf angestoßen hatte. Sinngemäß hieß es dann »Mit Teppichboden wär' das nicht passiert«. Wie pervers kann Werbung noch werden? Das ist dasselbe finster-mittelalterliche Niveau wie der klassische Satz »Und jetzt meldet sich ihr Gewissen ...«, mit dem Millionen Frauen nachgewiesen wurde, dass ihre Wäsche gefälligst sauber zu sein hat, weil sie sonst in die Hölle kommen.

Teppichböden sind keine schlechte Sache, wenn sie vollständig aus Naturstoffen bestehen (also auch ohne Kunststoffrücken) und wenn niemand in der Nähe ist oder zu Besuch kommt, der sich mit Allergien herumschlagen muss. Was Staub, Bakterien und andere Kleinlebewesen betrifft, wird jede noch so starke chemische Ausrüstung des Teppichbodens nicht verhindern, dass er in höchstem Maße unhygienisch ist. Jeder Holzboden ist in diesem Punkt dem Teppichboden um ein Vielfaches überlegen.

Und fragen Sie einmal Kinderärzte, wie viele Kinder sie im Laufe von Jahrzehnten wegen Allergien behandelten, ausgelöst durch Staub und Bakterien oder durch die chemischen Ausrüststoffe oder Reinigungsmittel in Teppichböden. Und dann zum Vergleich, wie viele Kinder sie behandeln mussten, weil sie sich durch den Anprall auf einem Holzfußboden verletzt haben.

Teppichböden haben sich nicht nur deshalb eingebürgert, weil sich der Geschmack in Fragen des Wohnens geändert hat. Zum falschen Zeitpunkt geschlagenes und eingebautes Holz, mit purem Gift versiegelte Parkettböden (Sondermüll!) haben uns die Freude an einem echten Holzboden vergällt. Dabei gibt es nichts Schöneres und Umweltfreundlicheres als einen Holzboden, mit natürlichen Mitteln geschützt und gepflegt. Letztlich kostet er so viel wie ein besserer Teppichboden, aber er hält hunderte Jahre länger. Holzboden oder Kunststoffteppichboden, PVC etc? Diese Frage stellt sich auch nicht mehr, wenn man das Problem der späteren Entsorgung im Auge behält und damit den Faktor Kostenwahrheit.

Pflege tut not

Um lebenslang Freude an Holzböden zu haben, die mit natürlichen Mitteln geschützt sind, bedarf es eines Minimums an Pflege und Reinigung. Die Hersteller solcher Mittel geben an, in welchen Abständen und mit welchen Mitteln der beste Erfolg zu erzielen ist. Beispielsweise dürfen keine fettlösenden Reinigungs- und Pflegemittel verwendet werden.

Einige wenige Richtlinien sind zu befolgen, dann bleibt die Freude am Naturholzboden lebendig, jeden Tag neu.

Die Hersteller sagen allerdings (noch) nicht, wann Sie die Pflege am besten vornehmen: Kehren jederzeit, feucht wischen auch jederzeit, aber nach Möglichkeit Krebs, Skorpion und Fische meiden.

Wenn Sie in einem alten Holzhaus wohnen, auf Böden, die völlig unbehandelt und sehr alt sind, können Sie viel tun, um ihre natürliche, wunderbar unregelmäßige Schönheit zu bewahren: Die Böden brauchen nur gekehrt (oder gesaugt) zu werden, weil sie sich selbst regenerieren. In gewissen Abständen sollten sie gründlich geschrubbt werden, bei starker Beanspruchung wöchentlich, aber nur bei abnehmendem Mond! *Holzaschenlauge* eignet sich für diese Arbeit am besten. Sollten Sie bei zunehmendem Mond feucht reinigen müssen, dann möglichst schnell und gut nachtrocknen. Wenn Sie bei Krebs, Skorpion und Fische im zunehmenden Mond feucht wischen, kann die Feuchtigkeit in die Ritzen dringen, das Holz verzieht sich oder fault gar nach längerer Zeit.

Das vollständige Rezept für Aschenlauge: Geben Sie etwa zwei Fingerbreit Holzasche aus Buchenholz in einen großen Topf oder Eimer (Mengenverhältnis Wasser zu Asche etwa wie Teewasser zu Teeblättern), füllen Sie den Eimer mit kochendem Wasser und halten Sie ihn zugedeckt. Anfangs ein- bis zweimal umrühren und nach längerem Stehen (ca. 15 Minuten, aber länger schadet auch nicht) die Lauge vorsichtig in einen Putzeimer umschütten. Der Aschensatz sollte dabei im ersten Gefäß zurückbleiben und kann auf den Kompost geschüttet werden. Die Frage nun, die uns schon viele Leser und sogar Apotheken gestellt haben: Woher bekommt man Buchenholzasche (die ja auch ein prima Zahnputzmittel ist, wie unsere Leser wissen*)? Es gibt sie überall dort, wo Buchenholz im Ofen, Herd oder Kamin brennt. Kennen Sie jemanden, der zu Hause einen offenen Kamin oder Holzherd hat? Oder haben Sie die Möglichkeit, einige Scheite Buchenholz draußen zu verbrennen? Wenn Sie einen Gartengrill haben, verbrennen Sie einfach statt Holzkohle Buchenscheite, beim Brennstoffhändler erworben, und »ernten« dann die Asche.

Ein Tipp am Rande: Haben Sie schon einmal Gegrilltes gegessen, zubereitet auf glühendem Buchenholz? Nie wieder werden Sie Holzkohle verwenden. Sie machen ein Feuer aus Buchenholz, warten, bis die Scheite zu brennen aufhören und nur mehr glühen und legen Ihre Köstlichkeiten auf den Grill – ein ganz neues Grillerlebnis für Sie und Ihre Freunde! Allerdings gehört ein wenig Methode dazu: Buchenholz entzündet sich erst richtig, wenn zuvor schon Feuer und Hitze da sind. Zum Anfeuern müssen Sie deshalb schnell brennbares Holz verwenden: Fichte oder eventuell kleine Zweige. Zuerst daraus dünne Spreißel spalten, dann dickere darauf und erst zum Schluss einige Buchenscheite.

»Ein Scheitl allein brennt nicht …«: Vielleicht kennen Sie dieses Sprichwort? Mit ein wenig Experimentieren wird es Ihnen gelingen – wie mit so vielen Dingen im Leben, nicht wahr? Nur Mut!

* Ein weiteres gutes Zahnputzmittel ist übrigens Backpulver. Probieren Sie es mal damit, solange keine Asche aufzutreiben ist. Sogar die Zahnpastaindustrie hat dieses Mittel jetzt entdeckt und mischt es in ihre Produkte …

Schöne Flächen, saubere Linien

Malerarbeiten

Etwa Anfang der Siebziger kam das Abbeizen alter Möbelstücke aus Massivholz in Mode. Diese teilweise sehr schönen Möbel hatten sich wiederum Jahrzehnte zuvor einer anderen Mode beugen müssen, als man das Leben in ihrem Holz unter dicken Kunstharzlackschichten begrub.

Oft verzweifelten damals Profis und Heimwerker an bestimmten Möbeln, bei denen sich der Lack partout nicht lösen wollte, selbst mit dem Handspachtel nicht, während er an anderen Möbeln fast schon beim Hinschauen abblätterte. Und wie überall auf der Welt: Das Gute fällt nicht auf, die Farbe, die lange Zeit hält, erweckt niemandes Aufmerksamkeit. Die Farbe, die sich sofort unter dem Beizmittel löst, ist »normal«. Nur der Misserfolg, das Schlechte, das Schwierige fällt ins Auge. Des Rätsels Lösung liegt nur zum geringen Teil an der Qualität des verwendeten Lacks, sondern am *Zeitpunkt des Lackierens.*

Ein weiteres Beispiel: Jeder Stadtbewohner kennt den Anblick frisch renovierter Häuser, bei denen schon nach zwei, drei Jahren die ersten Farbflächen an der Fassade abblättern. Die Chemie reagiert auf solche Erfahrungen mit umso giftigeren Mixturen, statt an die wahren Ursachen zu denken. Kein Wunder, mit dem Erkennen der Ursache würden ihre Umsätze sinken.

Probieren Sie es selbst: Streichen Sie ein Stück Holz mit

Lackfarbe, eine größere Fläche. Kaufen Sie dazu zwei gleiche Pinsel und verwenden Sie den gleichen Lack. Tun Sie das einmal kurz vor Vollmond und einmal kurz vor Neumond. Und erfahren Sie den Unterschied. Sie werden keine Lust mehr haben, die Arbeit zum falschen Zeitpunkt zu tun.

Wir haben es schon erwähnt: Gerade bei Restaurierungsarbeiten würde es sich doppelt auszahlen, auf die Mondregeln zu achten. Und wenn sich jemand zu schade dafür ist, an der Erneuerung jahrhundertealter Gemälde nur alle 14 Tage zu arbeiten, der soll die Aufgabe besser ganz sein lassen, weil er dann nicht mit der nötigen Liebe arbeitet.

Verwenden Sie um Ihrer Gesundheit und der Umwelt willen Bio-Farben und -lacke, und halten Sie sich dann aus Gründen der Verarbeitungsfähigkeit, Dauerhaftigkeit und Schönheit an die Mondregeln. Viele unserer Leser haben inzwischen ihre Gültigkeit erfahren.

Die Grundregeln für Malerarbeiten

Gut:	Bei abnehmendem Mond, mit Ausnahme von Krebs, Skorpion, Fische und Löwe
Schlecht:	Generell bei zunehmendem Mond, aber auch bei abnehmendem Mond in Krebs und Löwe.
Sehr schlecht:	Bei zunehmendem Mond in Krebs und Löwe

Die Folgen der Ausführung zum richtigen Zeitpunkt

Gleichmäßiges Annehmen und Aufsaugen durch die Untergründe. Pinsel gleiten leichter und hinterlassen keine Übergänge. Hohe Haltbarkeit, kein Absplittern. Geringerer Materialverbrauch.

Die Folgen der Ausführung zum falschen Zeitpunkt

Generell Gefahr des Absplitterns, geringere Haltbarkeit. Übergangsstreifen (Oberflächen nehmen unterschiedlich und manchmal nicht genügend an), der Pinsel rupft. Besonders bei Löwe Absplittern von Farben und Kreislaufbelastung durch Dämpfe. Bei Krebs Lungenbelastung durch giftige Dämpfe (bei Holz Fäulnisgefahr).

Und nicht vergessen

Grundsätzlich im Freien oder in gut gelüfteten Räumen streichen, aber niemals im Freien in praller Sonne. Diese Regel gilt auch für Naturfarben! Starker Wind sollte gemieden werden, besonders aber an Löwe. Leicht trübes, feuchtes Wetter wäre ideal.

Viele gesundheits- und umweltschädliche Farben, Dispersionen, Lacke und Kleber konnten sich nur deshalb gegenüber sanfteren Kalkfarben und natürlich hergestellten Produkten durchsetzen, weil sie die subtilen Einflüsse der Naturrhythmen im wahrsten Sinne des Wortes überrollen und die Beachtung des richtigen Zeitpunkts scheinbar überflüssig machten. Die Anwendung von Naturprodukten würde auf diesem Gebiet sicherlich leichter fallen, wenn man die Regeln des richtigen Zeitpunkts beachtet. In müheloser Verarbeitung, Wirkung und Langlebigkeit übertreffen sie teilweise schnell wirksame Giftbrühen und sind um vieles gesünder, sowohl für den Verarbeiter als auch für uns alle. Zum richtigen Zeitpunkt verarbeitet, trocknen Farben und Untergrund gut ab, bilden schöne Flächen und sind haltbarer. Die Produkte verbinden sich gut, der Pinsel gleitet fast von selbst.

Kalkfarben beispielsweise lassen den Untergrund atmen und bremsen trotzdem die Feuchtigkeit. Wussten Sie, dass Stalltiere – Schweine, Rinder, Hühner etc. – heutzutage viel stärker unter verschiedensten Krankheiten leiden, weil man heute statt Kalk- chemische Dispersionsfarben verwendet? Wer generell wieder auf Kalkfarben umsteigt, erweist sich selbst (und seinen Tieren) einen großen Dienst, weil es zu einer viel geringeren Bakterienbildung kommt. Früher wusste man genau um diese Wirkung von Kalk: Eier lassen sich darin einlegen und halten sich dann sehr lange frisch.

Kalkfarben sind der ideale Anstrich in Speisekammern. In Krankenhäusern wären sie ein ideales Mittel, um die geforderte Hygiene einhalten zu können. Seit kurzer Zeit geben Krankenhäuser alle Schuld den Bakterien und Pilzen, wenn es zu Infektionen im Krankenhaus kommt. Sie wissen nicht oder wollen ihr Wissen aus Geldgier nicht zugeben, dass beides innerhalb ihrer Mauern schon immer existierte und keineswegs »von außen« eingeschleppt worden sind. Die Ursache des Schadens liegt woanders: Zuerst wird der Patient seiner Immunkräfte fast gänzlich beraubt (unter anderem durch eine lieblos zubereitete Krankenhauskost, in erster Linie aber durch giftige Medikamente) mit der Folge, dass er mit den Pilzen und Bakterien nicht mehr fertig wird – und dann sind die Pilze und Bakterien schuld, die natürlich wieder mit aufwendigen Maßnahmen bekämpft werden müssen, für die wir bezahlen. Wer kleinkariert denkt, gibt den »Experten«, die uns all das weismachen, natürlich recht. Es sind dieselben Leute, die die »Ursache« von Liebe und Freude in einer hormonellen Veränderung im Gehirn sehen.

Armselig!

Es ist immer dasselbe: Unter solch einer Denkweise haben viele Menschen zu leiden und werden krank, dann werden Millionen verdient mit der Bekämpfung ebendieser Krankheiten. Ein einfacher Mensch, der sich von diesem Gedankengut nicht beeindrucken oder irritieren lässt und friedlich seiner Wege geht, wird als »primitiv« bezeichnet. Sie und ich, wir wissen, wer hier der wahre »Primitive« ist, der das Leben erst noch kennen lernen muss.

Zum Thema Kalkfarben noch ein Tipp: Wenn Sie viel damit streichen wollen, dann wählen Sie unbedingt den abnehmendem Mond und meiden Sie das Zeichen Jungfrau. Ungelöschter Kalk ist lebensgefährlich! Es kann zu Verätzungen und Erblinden kommen, der Umgang damit gehört in kundige Hände, und Kinder müssen fern gehalten werden.

Wenn es denn gar nicht anders geht: Wir dürfen nicht verschweigen, dass die Beachtung der Regeln des richtigen Zeitpunkts auch bei der Anwendung von chemischen Giftbrühen, von lösemittelhaltigen Kunstharzfarben höchst sinnvoll ist. Bei abnehmendem Mond verarbeitet, verbleiben giftige Dämpfe und Stäube stärker im Produkt und belasten die Atemluft weniger. Das heißt, Produkt und behandelter Gegenstand bleiben so giftig wie zuvor, nur die Ausgasung schädlicher Stoffe ist geringer.

Bei zunehmendem Mond verstrichene Farben, Lacke und Klebstoffe verbreiten dagegen die Lösemittel und Gifte stärker und über längere Zeiträume. Abschleifen oder Abbeizen sollte man unbedingt nur bei abnehmendem Mond! Erstens geht die Arbeit leichter von der Hand, zweitens nimmt der Körper die Gifte nicht so bereitwillig auf. Gleichzeitig sollte der Mond weder in Krebs und Zwillinge (Lungenbelastung!) noch in Löwe (Herz/Kreislaufbelastung!) stehen.

Die heute so gepriesenen und mit Umweltzeichen versehenen Wasserlacke verdienen generell keinen Preis, im besten Fall einen Preis für schlaue Kundenverdummung. Lassen Sie sich von einer Umweltorganisation einmal zeigen, wie viele giftige Stoffe in Wasserlacken drinstecken und welch irrsinnigen Preis wir alle dafür bezahlen. Viele Kunden halten Wasserlacke für so umweltfreundlich, dass sie sie in die Spüle schütten. Ein paar Spritzer Wasserlack im Ausguss, etwa beim »umweltfreundlichen« Reinigen der Pinsel unter dem Wasserhahn, und Sie müssten eine Woche lang nachspülen, um die schädliche Wirkung des Lacks im nächsten Klärwerk zu neutralisieren! Die Belastung für unsere Lungen ist etwas gesunken, die Belastung für unser Lebenselixier Wasser, für die Fische und letztlich uns alle eher gestiegen! Es ist dieselbe Geschichte wie mit den Ersatzstoffen für die Ozonkiller in Kühlschränken und anderswo. Die Ersatzstoffe schädigen die Ozonschicht teilweise noch stärker als die früheren Mittel!

Glücklicherweise wissen Sie jetzt, was Sie tun können.

Trockener Fuß, trockene Luft

Feuchtigkeit beseitigen

Stellen Sie sich vor, Sie haben vergessen, den Wasserhahn Ihrer Badewanne zu schließen. Sie bemerken es erst, als das kühle Nass schon sanft Ihre Strümpfe durchfeuchtet – beim angeregten Telefonat im Wohnzimmer.

Was tun Sie, um das Problem zu lösen?

Stürzen Sie sogleich in den nächsten Baumarkt und kaufen dort eine Pumpe, um das Wasser aus Ihrem Wohnzimmer abzusaugen? Rennen Sie zuerst zum Nachbarn einen Stock tiefer, um sich für die Überschwemmung zu entschuldigen? Rufen Sie als Erstes einen Psychologen an, der herausfinden soll, welches Kindheitserlebnis »schuld« daran ist, dass Sie vergessen haben, den Hahn rechtzeitig zuzudrehen? Oder sind Sie vor Schreck so gelähmt, dass Sie sich am Ende gar nicht bewegen?

Lachen Sie nicht, weinen Sie nicht, solche oder ähnliche Reaktionen sind unglaublich weit verbreitet. Besonders Akademiker neigen dazu, sich zuerst mit Symptomen zu befassen, bevor wahre Ursachen interessant werden. Nein, Sie, lieber Leser, marschieren zuerst zum Sicherungskasten, drehen die Sicherungen heraus, waten zum Wasserhahn, schließen ihn und beseitigen dann Wasser und Schaden, nicht wahr?

Diese Form des Umgangs mit einem Problem – zuerst Ursachen beseitigen, dann die Folgen beheben – sollte auch das

Vorgehen sein, wenn es um einen der gefürchtetsten Schäden am Bau geht – eindringende Feuchtigkeit. Üblicherweise wird damit so umgegangen wie viele Schulmediziner mit Krankheit umgehen: Sie wird bekämpft, zugesprüht, zugekleistert. Wer Feuchtigkeit erfolgreich beseitigen will, muss sich den Ursachen zuwenden.

Ein kleines Märchen kursiert am Bau, verbreitet von Experten und teilweise sogar von Baubiologen, mangels besserer Erklärungen. Nämlich, dass moderne, dicht schließende Fenster der Grund für die Bildung feuchter Raumecken seien und diese wiederum der Nährboden für hartnäckigen Schimmel. Das ist nur eine Hilfsbehauptung der Wissenschaft, weil sie den wahren Grund nicht kennt. Würde diese Behauptung stimmen, dann wären Hunderttausende von Wohnungen feucht geworden, dann hätten Millionen unter Schimmel an den Wänden zu leiden, und vor allen Dingen: dann hätte es einen Riesenskandal gegeben, der schon längst zum ausschließlichen Einsatz von Fenstern mit »Zwangsbelüftung« geführt hätte. Solche Fenster gibt es zwar, ihr Markterfolg ist aber eher gering einzuschätzen.

Der Hauptgrund für feuchte Wandecken, ob in Neu- oder in Altbauten: Betonieren, Aufmauern und Verputzen zum falschen Zeitpunkt, nämlich bei zunehmendem Mond, womöglich auch noch kurz vor Vollmond in einem Wasserzeichen.

Und das ist auch der Grund, warum die folgenden Tipps zur Trockenlegung solcher oft hartnäckiger Feucht- und Schimmelstellen gut funktionieren: Die feuchten Stellen und den Schimmel mit Essigwasser und einer Wurzelbürste

fest schrubben und dann gut trocknen, eventuell sogar heiß fönen! Das gilt auch für vom Schimmel befallenes Holz. Es verzieht sich nicht, wenn Sie auf den richtigen Zeitpunkt achten. Der Erfolg der Prozedur ist physikalisch nicht erklärbar, aber bei uns und vielen anderen Menschen hat es fast immer gut funktioniert.

Umgekehrt sollten Sie Räume, die in Gefahr stehen, dauerhaft feucht oder schimmelig zu werden (Keller, Speisekammer, Feuchträume), niemals bei zunehmendem Mond oder bei Krebs, Skorpion und Fische gründlich nass wischen und putzen. Das käme gleichsam einer Einladung an die Feuchtigkeit gleich, sich in dem Raum bequem niederzulassen.

Die Grundregeln für das Beseitigen von Feuchtigkeit, Schimmel, etc.

Sehr gut:	Bei abnehmendem Mond in den Tierkreiszeichen Zwillinge, Waage, Wassermann und Widder, Löwe und Schütze, je näher an Neumond, desto besser
Gut:	Bei abnehmendem Mond, mit Ausnahme der Wassertage Krebs, Skorpion und Fische
Schlecht:	Generell bei zunehmendem Mond und Vollmond, aber auch bei abnehmendem Mond an Krebs, Skorpion und Fische
Sehr schlecht:	bei zunehmendem Mond an Krebs, Skorpion und Fische

Zum Thema *Lüften* dennoch einige Worte: In der Regel wird bei uns zu wenig gelüftet, besonders im Winter. Wir brauchen viel mehr Sauerstoff im Blut als es uns die Gewöhnung an den Mangel vortäuscht. Und gerade in Neubauten ist Lüften oft die einzige Maßnahme, um die schlechte Luft auszutauschen, die durch die Ausgasungen der Baustoffe, Kleber und Farben entsteht. Regelmäßiges Lüften tut not! An Zwillinge, Waage, Wassermann und Widder, Löwe, Schütze ausgiebig lüften, an Stier, Jungfrau, Steinbock und Krebs, Skorpion, Fische nur kurz und schnell. Wer zu Hause wegen seiner Berufstätigkeit und aus Sicherheitsgründen die Fenster ganztägig geschlossen hält, dessen erster Gang am Abend sollte zu den Fenstern führen.

Zäune, Pflaster und Naturwege anlegen

In Außenanlage und Begrünung eines Hauses offenbart sich viel vom Geist seiner Bewohner. Es ist Drehscheibe für viele Einflüsse: Haben wir es mit einem lebendigen, gastfreundlichen Haus zu tun, oder mit einer festen Burg zum Schutz vor allem scheinbar Fremden? Atmen das Haus und seine Umgebung den Geist des Miteinanders, der guten Nachbarschaft oder des Gegeneinanders, des egoistischen Besitzdenkens?

Ein selten formuliertes Naturgesetz soll an dieser Stelle Erwähnung finden: Solange Nachbarn sich darum streiten, wem die Äpfel gehören, die vom eigenen Baum in Nachbars Garten fallen, solange wird es Kriege geben. Solange Zäune erhöht werden, um nicht des Nachbarn Not zu fühlen, solange werden Völker einander ausbeuten. Solange man lieber 10 000 Mark spendet (weil man gegen Spendenquittung die eigene »Großzügigkeit« demonstrieren will) statt 300 Mark dem Nachbarn zu schenken, der das Geld dringend braucht, solange schreitet die Zerstörung unserer Umwelt fort.

Ob freundlicher Gastgeber oder feindseliger Burgherr: Ein anderes Naturgesetz gilt für beide gleichermaßen. Viele Architekten, Bauherren und Heimwerker mussten schon erleben, dass im Außenbereich verlegte Bodenplatten manchmal nach kurzer Zeit wackelig werden (besonders, wenn sie direkt auf die Erde verlegt sind), dass mit Natursteinen ver-

legte Pfade oder Veranden »Wellen schlagen«, dass schon nach kurzer Zeit neu angelegte Feldwege auswaschen oder Schlaglöcher bekommen – trotz aller Sorgfalt und Sachkenntnis. Ein anderes Mal hält alles wie fest betoniert, auch auf Naturboden, die Anlage und Ausbesserung von Feldwegen hat langfristigen Erfolg, sodass kein Mensch auf die dumme Idee kommt, den Weg zu teeren.

Manchmal spaziert man auf dem Land an Zaunpfosten aus rohem Holz vorbei, die seit vierzig und mehr Jahren fest in der Erde stehen, während vielleicht schon auf der anderen Seite des Weges völlig verrottete, mit Gift und Dampfdruck imprägnierte Holzzäune stehen, die kaum mehr als ein paar Jahre auf dem Buckel haben.

Wanderer haben schon oft beobachtet: Alte Holzbrücken und Wanderstege haben viel über das Thema Haltbarkeit und Fäulnis zu erzählen. Manche müssen nur ab und zu repariert werden, obwohl Wind, Wasser und Sonne ihnen genauso zusetzen wie anderen, fast neuen Stegen, die von Gemeinden und Bergwacht in kürzesten Abständen erneuert werden müssen.

Und schließlich Steinmauern, die früher zur Felderbegrenzung dienen wie etwa in Südtirol: Aus *lose* aufgerichteten Brocken überdauern sie teilweise schon Jahrhunderte. Und bei so mancher erst in jüngster Zeit ausgebesserter Stelle liegen die Steine verrutscht und über den Weg verstreut.

Warum? Was erklärt alle diese Unterschiede?

Machen Sie Ihre Erfahrungen mit den auf der nächsten Seite stehenden Regeln und dem Mondkalender und Sie werden die Antwort selbst herausfinden.

Die Grundregeln für Pflaster- und Wegebau, Pfosten- und Zaunsetzen

Sehr gut:	Bei abnehmendem Mond im Tierkreiszeichen Steinbock, ideal bei Neumond Steinbock
Gut:	Bei abnehmendem Mond, mit Ausnahme der Krebs- und Schütze-Tage, je näher an Neumond, desto besser
Schlecht:	Generell bei zunehmendem Mond, aber auch bei abnehmendem Mond in Krebs und Schütze
Sehr schlecht:	Generell bei zunehmendem Mond in Krebs und Schütze und bei Vollmond

Die Folgen der Ausführung zum richtigen Zeitpunkt

Eingeschlagene Pfosten werden von selbst immer fester, Nägel bleiben im Holz. Platten wachsen selbst auf Naturboden fest ein. Wege werden nicht ausgespült, der Boden wird immer härter und belastbarer, Ausbesserungen halten viel länger.

Die Folgen der Ausführung zum falschen Zeitpunkt

Zaunpfosten lockern sich von selbst, besonders an Krebs-Tagen gesetzt, sie verfaulen auch schneller. Platten und Fliesen lockern sich, werden uneben, brechen leichter.

Wege und Feldstraßen waschen leichter aus, besonders bei Krebs angelegt.

Und nicht vergessen

Sind Holzzäune und -pfosten starken Belastungen ausgesetzt – durch Schneelast, weil sich Tiere ständig daran scheuern oder weil Kinder drüberklettern –, dann lohnt es sich, nicht nur auf den abnehmenden Mond, sondern auch auf das Zeichen Steinbock zu achten. Besonders bei Kinderspielplätzen, Klettergerüsten und Streichelgehegen im Zoo würden lange Zeit keine Reparaturen mehr anfallen.

Können Sie sich vorstellen, dass vor 40 Jahren jemand auf die Idee gekommen wäre, einen Topf Imprägnierungsmittel in den Rucksack zu stecken und damit auf den Berg zu gehen, um Ausbesserungsarbeiten an Stegen, Brücken und Zäunen vorzunehmen? Im Rucksack befanden sich die Brotzeit, gerade gehämmerte Nägel, Hammer, Beißzange und ein Fläschchen Obstler gegen das Schwitzen und gegen Verletzungen, weil hoch droben manchmal kein Spitzwegerich wächst. Und immer wurden die Arbeiten bei abnehmendem Mond getan. Und es sind genau diese Stege und Zäune, die heute noch stehen, nicht die modernen »imprägnierten«.

Betrachten wir einmal einen Topf Imprägnierungsmittel etwas genauer.

Auf dem Weg zur Kostenwahrheit

Bei vielen Menschen genügt allein schon der Wunsch, gesund und menschenfreundlich zu bauen und zu renovieren, um sich für umweltneutrale Produkte zu entscheiden. Es sind jedoch bei weitem noch nicht genug, um der verbreiteten Achtlosigkeit im Umgang mit den Geschenken der Natur wirksam entgegenarbeiten zu können. Wir brauchen viel weniger Streit und Schuldzuweisungen, dafür aber viel bessere und vor allem liebevollere Information über die wahren Zusammenhänge.

Viele Menschen schwanken, wenn sie jeden Pfennig zweimal umdrehen und sich zwischen billigem Hochglanzlack auf Kunstharzbasis und teureren Bio-Farben entscheiden müssen. Ihnen mag zwar der alte Großmutterausspruch »Wir waren zu arm, um uns etwas Billiges leisten zu können« geläufig sein, aber manchmal fällt die Entscheidung zwischen billig/giftig und teuer/biologisch trotz aller Einsicht nicht so leicht.

Unsere klare Empfehlung: Wählen Sie natürliche Lacke und Baustoffe, denn sie kosten langfristig nur einen winzigen Bruchteil dessen, was Sie im billigsten Baumarkt für billigste Kunstharz- und Wasserlacke bezahlen müssen.

Wählen Sie heimisches Massivholz vom kleinen Holzhändler aus Ihrer Nähe, der Ihnen genau erzählt, woher er sein Holz bezieht und wann es geschlagen worden ist, denn es kostet langfristig nur einen Bruchteil dessen, was die Spanplatte aus dem großen Baumarkt um die Ecke kostet.

Unser Rat widerspricht Ihrer Erfahrung? Das ist verständlich, aber lassen Sie uns einige Worte verlieren über einen neuen Begriff: *Kostenwahrheit.*

Kostenwahrheit ist ein Wort, das noch nicht lange durch die Öffentlichkeit geht und wahrscheinlich noch nicht vielen Menschen geläufig ist. Ein sehr wichtiger Begriff, der in diesem Buch noch öfter auftauchen wird. Deshalb hier ein einfaches Beispiel:

Nehmen wir an, Sie möchten eine bestimmte Holzimprägnierung kaufen und haben die Wahl zwischen einem Liter eines billigen, großindustriell hergestellten Mittels und einem Liter Bio-Imprägnierung auf Lärchenharzbasis, die in der Umwelt keinen Schaden anrichtet, weder in Herstellung, Anwendung noch Entsorgung, und die um ein paar Mark mehr kostet.

Und nun nehmen wir die billige Imprägnierung und begeben uns mit der Dose zu einer ganz besonderen Kasse, die bis heute leider noch nicht eröffnet worden ist und auf die die gesamte Menschheit sehnlichst wartet, ohne es noch zu wissen. An dieser Kasse erhalten wir zum aufgedruckten Billigpreis noch einiges hinzuaddiert, bis der Endpreis feststeht. Unter anderem:

- *Die tatsächlichen Energiekosten bei Herstellung und Transport.* Sie wissen, wie umweltschädlich Energie bereitgestellt wird, wenn Kohle, Erdgas, Erdöl und Atomkraft als Basis dienen. Jedes Kilowatt müsste das Hundertfache des üblichen Preises kosten, wenn man die verursachten Umwelt- und Gesundheitsschäden auf den Preis aufschlagen würde. Und Sie wissen, wie teuer Transportkosten wären, wenn verursachte Schäden durch Benzin, LKWs, Flugzeuge im Preis enthalten wären. Pferdetransporte wären dann billiger und der kleine Biolackhersteller in Ihrer Nähe hätte eine Chance.
- *Die Rohstoffkosten, wenn die Lieferanten und Erzeuger angemessene Preise erhalten würden.* Was oft nicht der Fall ist. »Billige« Waren werden fast immer über die Ausbeutung der Natur und menschlicher Arbeitskraft erzeugt.

- *Die Kosten der Reinigung der Umwelt von den Giften, die im Lack enthalten sind.* Was kosten anteilmäßig die Umwelt- und Gesundheitsschäden, die von dieser Schutzfarbe und ihren Inhaltsstoffen verursacht werden? Nur in sehr wenigen Fällen wird vom Hersteller verlangt, den Schaden zu bezahlen, den sein Produkt anrichtet, und kaum jemand wird gezwungen, die spätere umweltneutrale Entsorgung seines Produktes selbst vorzunehmen und zu bezahlen. Ganz abgesehen von der Tatsache, dass schon bei der *Herstellung* nur eines Kilogramms konventioneller Farbe je nach Farbton und Farbart bis zu *sieben Kilogramm* Sondermüll anfallen, bezogen auf die fertige Farbmenge.
- *Die Kosten, die dadurch verursacht werden, dass die großindustrielle Produktion zahllose Arbeitsplätze in Kleinbetrieben zerstört (statt zu sichern, wie immer wieder von der Großindustrie behauptet).* Wir addieren alle diese Kosten zum Kaufpreis der Imprägnierung. Haben wir alles zusammengezählt, dann müssten wir für diesen Liter Schutzfarbe tief in die Tasche greifen: Mehr als das Hundertfache seines Preises im Regal im Baumarkt wären zu bezahlen. Das ist seine *Kostenwahrheit*. Und weitere Faktoren, die das Mittel verteuern würden, sind hier noch nicht genannt!

Ein weiteres Beispiel steht in unserem Buch *Vom richtigen Zeitpunkt*: Ein Kilogramm eines bestimmten Pflanzengiftes, das erst erlaubt, dann verboten war, jetzt durch die EU wieder erlaubt ist, kostet im Handel 60 Mark. Dieses Pflanzengift aus unserem Grundwasser zu entfernen erfordert 1000 Kilogramm Aktivkohle im Wert von 10 000 Mark, nicht gerechnet die Arbeitskosten und die Kosten für die Entsorgung der verseuchten Aktivkohle, die ja auch unschädlich gemacht werden muss. Die *Kostenwahrheit* des Pflanzengiftes pro Kilogramm beträgt mehr als 10 000 Mark pro Kilogramm. Und immer noch erhalten unsere Landwirte kiloweise Werbebroschüren von der Chemieindustrie.

Lassen Sie es uns mit einfachen Worten sagen: Wenn bei allen Produkten Kostenwahrheit herrschte, dann gäbe es langfristig kein einziges Umweltproblem.

Wenn unsere freiwilligen Kaufentscheidungen auf Kostenwahrheit beruhten, dann gäbe es langfristig kein einziges Umweltproblem.

Wenn Kostenwahrheit herrschte, dann würden wir uns beispielsweise niemals den Wahnsinn Atomkraft und Gentechnologie in der Landwirtschaft leisten.

Atomkraft ist Wahnsinn. Ein »friedlicher« Atomreaktor nicht weniger als eine Atombombe. Jeder Landstrich unserer Erde birgt Energie, die sich mit Hilfe der wahren Segnungen von Technik und Wissenschaft nutzen lässt: Wo wenig Wind, da viel Sonne. Wo wenig Sonnenenergie, da viel Wasser. Wo keine Wasserkraft, da Erdwärme. Wo keine Erdwärme, da viel Gezeitenenergie. Wo keine Ebbe und Flut, da viel Holz, das sich verfeuern lässt, oder ... was auch immer. Überall ist *erneuerbare Energie* in Hülle und Fülle. Und überall ist die Technik, um sie wirtschaftlich zu nutzen! »Es rechnet sich noch nicht«, sagen manche? Alles rechnet sich, was uns und der Umwelt keinen Schaden zufügt!

Was uns fehlt, ist ausschließlich Information. Auch die Information darüber, wer jene genialen Kämpfer für die Sklaverei des Menschen waren, die noch gestern kleine Stromerzeuger (durch Wasserkraft, Solarzellen etc.) per Gesetz dazu zwangen, an die Energiemonopolisten Gebühren zu entrichten, um überschüssigen Strom einspeisen zu dürfen. Und die heute von uns allen bezahlte Pensionen einstreichen für ihre unsägliche Dummheit.

Gentechnologie in der Landwirtschaft ist Wahnsinn. Ihre Verteidiger handeln aus drei Gründen. Erstens Unwissen: Sie wissen nicht, dass man jedes Ziel, das mit Hilfe der Gentechnologie angestrebt wird, entweder mit anderen, sanften und natürlichen Methoden erreichen kann oder dass es in tiefster Wahrheit alles andere als erstrebenswert ist. Auf jedem Gebiet. Die Natur beruht auf Geben und Nehmen. Gentechnologen denken nur an Nehmen, Nehmen, Nehmen! Und das ist nicht nehmen, sondern rauben.

Zweitens Eitelkeit: »Wir haben schon so viel reingesteckt, wir können nicht irren. Außerdem bin ich viel besser als die Schöpfung und ihr Schöpfer. Und obendrein bekomme ich vielleicht den Nobelpreis.«

Und drittens Gier: »Es ist uns gelungen, Politikern und dem Volk weiszumachen, dass Gentechnologie wichtig ist. Dafür müssen sie jetzt Milliarden lockermachen, die unseren Job sichern und unsere dicken Autos.«

Was uns fehlt, ist ausschließlich Information. Dann können wir uns entscheiden, beispielsweise Produkte und Verfahren, die auf Genmanipulation beruhen, zu meiden. Was fehlt, ist die Information über die *Kostenwahrheit* der Produkte und Dienstleistungen, mit denen wir alle in erster Linie in Abhängigkeit gehalten werden sollen.

»Die Kunden wollen das nicht« oder »Es besteht keine Nachfrage« oder »Den Kunden ist das zu teuer« – diese Sätze bekommt man manchmal bei Firmen oder in Billigbaumärkten zu hören, wenn man fragt, warum keine umweltneutralen, biologischen Produkte in den Regalen stehen.

Wirklich? Wollen die Kunden wirklich nicht? Besteht keine Nachfrage? Ist die umweltfreundliche Dispersion, die auf den ersten Blick etwa 30 Prozent mehr kostet als die Industriedispersion, wirklich zu teuer?

Ist es nicht seltsam? Wenn Sie das Kind Ihres Nachbarn vergiften, dann werden Sie dafür verantwortlich gemacht und bestraft. Wenn große Industrien, von Politikern gedeckt, das Gleiche tun, dann geschieht erst einmal – nichts. So sieht der Teufelskreis aus:

- Weltweit verdienen gewaltige Industrien und Konzerne ihr Geld heute noch mit umwelt- und gesundheitsschädlichen Produkten. Ändert ein Land seine Gesetze, wandert man in andere Länder ab und importiert.
- Schwindelerregende Summen werden mit der Bekämpfung von Krankheiten verdient, die diese umwelt- und gesundheitsschädlichen Produkte verursacht oder ausgelöst haben.
- Unsummen werden mit der Bekämpfung von Umweltschäden verdient, die durch diese Produkte verursacht oder ausgelöst werden.
- Dieselben Industrien, die höchste Umsätze mit umwelt- und gesundheitsschädlichen Produkten machen, verdie-

nen riesige Mengen Geld mit Medikamenten, die zur Bekämpfung der Krankheiten dienen, die von den eigenen Produkten erzeugt werden.

- Irgendwo dazwischen sitzen die Krankenkassen, die unser Geld für die Bekämpfung von Krankheitssymptomen zum Fenster rauswerfen, für die Krankheitsvorsorge aber fast nichts tun.
- Zahlreiche der von uns gewählten Diener, »Politiker«, genannt, sitzen in den Aufsichtsräten genau dieser Konzerne und Kassen.

Und nun fragen Sie sich selbst in Ruhe: Wer hat ein aufrichtiges Interesse an unserer Umwelt und Gesundheit? Derjenige, der mit Schädigung und Krankheit Geld verdient? Mit Müllwiederverwertung ist viel Geld zu machen, mit Müllvermeidung nicht. Mit Krankheit(sbekämpfung) ist viel Geld zu machen, mit Gesundheit(svorsorge) nicht. Scheinbar billiger Kunstharzlack wird gekauft, scheinbar teurer Leinöllack nicht.

Denken Sie nicht so, wie es Ihnen vom Staat vorgekaut wird. Beobachten Sie in Ruhe den »Staat«. Ist das ein gesundes, erfolgreiches Unternehmen, dem man Vertrauen schenken kann? Warum unterstützt der Staat mit unserem Geld Industrien und Firmen, die fast ausschließlich umweltschädliche Produkte erzeugen und vertreiben? Zur »Sicherung von Arbeitsplätzen«?

Welchen Sinn hat ein Arbeitsplatz, dessen Leistung in der Zerstörung unserer Umwelt besteht? Warum ihn verteidigen und sichern? Statt neue Arbeitsplätze zu schaffen, die Sinnvolles und Menschenwürdiges hervorbringen? Milliarden werden für die Förderung unrentabler Kohle ausgegeben. Dieselben Milliarden in Waldpflege und -aufforstung, in biologische Landwirtschaft gesteckt und die Bergleute zu Waldarbeitern umgeschult, das würde viele Lungen heilen und unsere »grünen Lungen« obendrein.

Sie können sich getrost daran halten: Tun Sie immer das Gegenteil von dem, was Ihnen erfolglose Menschen raten. Gandhi, Dag Hammarskjöld und viele andere – es gibt gute Menschen, die nicht mit Beginn ihres Politikerdaseins Lebenssinn und Menschenliebe abgelegt haben. Aber in der Regel sollten Sie auf Ratschläge von Politikern nur dann hören, wenn Sie so erfolglos wirtschaften wollen wie der Staat. Hören Sie auf den Rat von Psychologen nur dann, wenn Sie so werden wollen wie diese Menschen. Befolgen Sie den Rat von Pädagogen nur dann, wenn sich Ihre Kinder so entwickeln sollen wie die Kinder dieser Pädagogen.

Betrachten Sie immer, wer Ihnen einen Rat gibt und warum: Welches Interesse verfolgt er mit seinem Rat? Wohin hat es diesen Menschen gebracht, so zu denken wie er denkt? Würden Sie von einem notorischen Bankrotteur wirtschaftliche Ratschläge annehmen? Von einem Süchtigen Tipps, wie man sich entwöhnt? Beobachten Sie, und bilden Sie sich Ihr eigenes Urteil.

Diese Situation, diese Teufelskreise zu erkennen ist *eine* Sache, sie zu durchbrechen eine andere. Wenn Sie sie zornig bekämpfen, sich selbstmitleidig beklagen, über sie schimpfen: Sie werden sie nicht ändern, sondern nur verbittern oder verzweifeln.

Beobachten Sie Menschen, die für das Gute und gegen das Böse kämpfen. Der Grund für ihre relative Erfolglosigkeit ist oft, dass niemand so werden möchte wie sie. Sie geben niemandem das Gefühl, dass es erstrebenswert ist, geschweige denn Freude macht, für die Mitmenschen und die Umwelt etwas zu tun. Warum? Weil das Kämpfen gegen das Negative in der Welt niemals Erfolg haben wird. Die Tyrannen und Ausbeuter, die Hersteller von schädlichen und sinnlosen Produkten lächeln angesichts der Verzweiflung in der Welt, angesichts der Anstrengungen von Greenpeace und Amnesty International. »Nach uns die Sintflut« – das ist ihr Glaubensbekenntnis und in ihren Herzen herrscht große Dunkelheit. Und manchmal opfern sie einen aus den eigenen Reihen, um das Gesicht zu wahren und im altgewohnten Stil weiterarbeiten zu können.

Es ist ein Naturgesetz: Kein Mensch kann sich gesund oder zum Erfolg jammern, kein Problem kann man lösen, keine Krankheit heilen durch das Bekämpfen von Problemen oder Krankheit. Kein Mensch kann eine dauerhafte Wendung zum Besseren bewirken, wenn er nicht den Beteiligten die Freude daran vermitteln kann, wenn er nicht deutlich macht, dass nur Entscheidungen aus Liebe zu den Menschen und zur Natur von Tragweite sind. Handeln ohne Freude und Liebe führt zu nichts.

Sogar Umweltorganisationen verzichten oftmals darauf, die Menschen ernstzunehmen und ihre eigene Entscheidungskraft zu fördern. Entscheidungen eines Menschen, die durch die Angstmache oder Überredungskunst eines anderen Menschen zu Stande kommen, haben langfristig keinen

Nutzen und führen zu nichts von Bestand – weder bei dem, der sich entscheidet, noch in unserer Umwelt. Was zählt, ist persönliche Erfahrung und Einsicht in Zusammenhänge.

Licht in die Welt zu bringen ist nicht so schwer: Wenn Sie die Teufelskreise nicht annehmen, nicht an ihnen teilhaben, dann haben Sie Erfolg. Für sich selbst und für uns alle. Die Zukunft unserer Welt steht und fällt mit einem einzigen Faktor: *mit Ihrer persönlichen, individuellen, unbeeinflussten Einsicht und mit der Kraft Ihres freien Willens, nach dieser Einsicht zu leben.* Ihr freier Wille, Ihre Kaufentscheidungen, Ihre alltäglichen kleinen Entschlüsse für oder gegen etwas sind es, die das Geschick der Welt bestimmen, gleichgültig, welcher Partei Sie zuneigen, welches Glaubensbekenntnis Sie pflegen. Unermüdlich werden wir jetzt und in Zukunft dafür arbeiten, dass Ihnen diese große persönliche Kraft und Einflussmöglichkeit auf unser aller Zukunft bewusst wird.

Sie entscheiden sich für einen Liter naturfreundlichen Lack? Sie haben die Welt einer schönen Zukunft für uns alle einen gewaltigen Schritt näher gebracht. Ein Entschluss von größerer Tragweite als jede Politikerrede.

Sie entscheiden sich für Solarenergie, obwohl sie sich noch nicht »auszahlt«? Tausend Engel jubeln und feiern Feste.

Sie sind der Meinung, der Einzelne könne ja doch nichts ausrichten? Diese Überzeugung ist ein Alptraum, der Ihr ganzes Leben grau in grau färbt und für jedes einzelne Ihrer Probleme mitverantwortlich ist. Und aus dem Sie früher oder später aufwachen werden. Freuen Sie sich schon darauf, denn das wird der schönste Tag Ihres Lebens! Es liegt bei Ihnen, ob dieser Tag schon bald kommt.

Vom Umgang mit dem Wasser

Quellen fassen und Brunnen bohren

Sie wollen eine Quelle fassen oder einen Brunnen bohren? Der richtige Zeitpunkt und die Mondrhythmen können Ihnen in besonderem Maße helfen, diese Arbeit erfolgreich auszuführen. Wir wollten Ihnen jedoch auch ein wenig begreiflich machen, dass es von großer Bedeutung für unser aller Zukunft ist, mit welcher Einstellung Sie an diese Arbeit herangehen. Wir würden uns freuen, wenn Sie gemeinsam mit uns und vielen anderen Menschen guten Willens diese Arbeit nun mit etwas anderen Augen sehen.

Die Grundregeln für das Quellen fassen und die Brunnensuche

Sehr gut:	Bei zunehmendem Mond im Tierkreiszeichen Fische
Gut:	Bei zunehmendem Mond in den Tierkreiszeichen Krebs und Skorpion
Schlecht:	Bei zunehmendem Mond, wenn der Mond gerade nicht in einem Wasserzeichen (Krebs, Skorpion und Fische) steht
Sehr schlecht:	Generell bei abnehmendem Mond

Die Vorteile der Ausführung zum richtigen Zeitpunkt

Grundwasser, wenn vorhanden, ist viel leichter aufzuspüren. Quellen lassen sich gut fassen und sprudeln in nur gering schwankender Menge.

Die Nachteile der Ausführung zum falschen Zeitpunkt

Obwohl womöglich vorhanden, ist das Wasser schwer zu finden. Vielleicht muss man sehr viel tiefer als eigentlich nötig bohren. Selbst wenn man Wasser findet, besteht die Gefahr, dass das Wasser unregelmäßig fließt oder der Brunnen versandet. Gefasste Quellen unterliegen starken Schwankungen, das Wasser fließt nicht verlässlich.

Und nicht vergessen

Bevor Sie auf der Suche nach Grundwasser eine Bohrung vornehmen lassen, sollten Sie den guten Platz dafür unbedingt von einem *Rutengeher* ausforschen lassen (siehe auch *Aus eigener Kraft* Seite 281). Viele Brunnenbaufirmen arbeiten inzwischen mit ihnen zusammen, weil sie die Erfahrung gemacht haben, dass sich der Erfolg viel schneller einstellt.

Das zweitwichtigste Lebenselixier

Gesegnet ist derjenige, der seinen Bedarf nach sauberem Trinkwasser aus einem hauseigenen Brunnen oder besser noch aus einer hauseigenen Quelle decken kann. Unser Wunsch ist, dass er sich bewusst ist, was es bedeutet, von der Natur sauberes Wasser geschenkt zu bekommen. Unsere Erfahrung ist, dass kaum ein Naturstoff stärkerem Missbrauch und tieferer Missachtung unterworfen ist als das Wasser. Obwohl kein Mensch drei Tage ohne Wasser überleben kann!

Stellen Sie sich einmal vor, ein kleiner Lausbub bekommt die Chance, Ihren Blutkreislauf zu beeinflussen, das »nasse Element« in Ihrem Körper, seine Bahnen, Rohrleitungen, Speicher und Teiche. Nach Lust und Laune darf das Kind hier Venen verengen oder verstopfen, dort Adern erweitern und ausleiern. Mit Hingabe dehnt es Lymphbahnen, bläst Lymphknoten auf ein Vielfaches ihres Durchmessers auf. An manchen Orten staut es Ihr Blut, an anderen baut es kleine Pumpen ein, die seine Geschwindigkeit verdreifachen. An manchen Stellen spritzt es mit der Wasserpistole Pfützenwasser und Alleskleber in Ihr Blut. Und hier und dort baut es Siebe ein, die genau diesen flüssigen Müll wieder herausfiltern sollen. An wenigen Stellen sind kleine Uhren eingebaut, zusammengebastelt aus Chemie- und Physikbaukästen, mit denen sich messen lässt, wie viel Pfützenwasser und Alleskleber im Blut fließt. Und ganz besonders freut sich der Lausbub, wenn die Nadel einer Messuhr ausschlägt …

Fragt man den kleinen Kerl, warum er gerade dieses oder jenes mit Ihrem Kreislauf anstellt, dann sagt er: »Ich hab's für eine gute Idee gehalten«, oder: »So habe ich's in der Schule/von meinen Eltern gelernt«, oder: »Das geht dich gar nichts an!«

Und nun fühlen Sie einmal in sich hinein: Wie würde es Ihnen denn so gehen nach der Behandlung durch den kleinen Bengel? Wie stünde es um Ihr Wohlbefinden, um Ihre Gesundheit? Wie lange hätten Sie noch zu leben? Tage? Stunden?

So wie dieses Kind mit Ihrem Blutkreislauf, so geht die Menschheit mit dem Wasserkreislauf um, der unsere kleine blaue Heimatkugel belebt und alles Leben auf ihr erhält. So und nicht anders.

Nicht Geld- oder Machtgier, Eitelkeit oder »politisches Denken« sind die Hauptgründe dafür, sondern in erster Linie pures Unwissen, das diesen Zustand heraufbeschworen hat. Aus 100 Fernsehkanälen ergießt sich 24 Stunden täglich ein Strom von Falschinformation und Ablenkung über uns, nirgends dazwischen die lebenswichtigen Informationen über die Wirklichkeit, die uns vorenthalten wurden. Über den Dreißigjährigen Krieg und zehntausend Methoden, einen Menschen umzubringen, erfahren wir alles. Über das Wesentliche im Leben nichts. Nämlich zum Beispiel, dass Wasser ein Element ist, das genau wie die Luft, wie der Wind vor keinem Grenzposten Halt macht. Wie Sie mit Wasser umgehen, hat Einfluss und Wirkung noch im letzten Winkel unseres Planeten – zum Guten wie zum Schlechten.

Der Liter Altöl, der in Australien mitten in der Kleinstadt im Busch in den Bach fließt, vergiftet die Babynahrung in Hamburg. Genau jetzt. Oder einen Monat oder ein Jahrzehnt später. Es ist völlig gleichgültig, wann es geschehen wird. Es wird geschehen.

Das Kilogramm Kunstdünger, das im mittleren Westen der USA auf dem Maisfeld landet und damit im Grundwasser, erhöht den Blutdruck des Babys Ihrer Nachbarin. Jetzt. Oder einen Monat oder ein Jahrzehnt später.

In einem Monat oder in einem Jahrzehnt wird das radioaktive Cäsium eines »sicheren« Atomkraftwerks, das 1986 explodierte, das Grundwasser erreicht haben und die Kinder und Enkel eines staatsbeamteten Biologen verstrahlen. Kürzlich hatte dieser Biologe im Radio gesagt: »Glücklicherweise hat das radioaktive Cäsium im Waldboden jetzt zwei Meter Tiefe erreicht und richtet damit keinen Schaden mehr an.«

Ein junger Geologe, der wie zahllose Studenten den letzten Rest an gesundem Menschenverstand an der Universität gegen einen Titel eingetauscht hat, lässt einen Fluss »regulieren« und wundert sich bei einer Überschwemmung zehn Jahre später, dass weit stromabwärts sein Elternhaus fortgerissen wird. Er denkt sich: Ich muss noch mehr studieren. Statt zu *beobachten*, mit welcher Weisheit die Natur handelt – und die Biber. Er hat vergessen, dass Bäche und Flüsse Raum brauchen zum Übergehen. Selbst wenn sie auf den ersten Blick scheinbar Natur »zerstören«, manche solcher Überschwemmungen sind langfristig nötig wie eine Form der Selbstreinigung. Überschwemmungen, ausgelöst durch kurzsichtige Eingriffe in Naturkreisläufe, wirken sich weitaus zerstörerischer aus.

Der Müll, den so viele Staaten und Gemeinden seit langer Zeit vor ihren Küsten im Meer versenken. Die Säuren und Laugen, die in »internationalen Gewässern« ins Meer geleitet werden. Die Gifte, die Industrien aller Art in unsere Flüsse und Seen leiten. Hunderttausende von Müllkippen in aller Welt, deren Säfte allmählich ins Grundwasser sinken. Jetzt. Morgen. Oder einen Monat oder ein Jahrzehnt später zerfrisst das Gift unsere Magenwand.

Jetzt. Morgen. Oder einen Monat oder in zehn Jahren essen Sie einen Fisch, der Ihnen in den Magen bringt, was Sie tags zuvor in den Ausguss geleitet haben – Benzin, Nagellackentferner, Waschmittel.

Wahrlich, keine Naturkatastrophe hat jemals mehr Zerstörung angerichtet als der Mensch. Und es wäre so unglaublich einfach, damit aufzuhören.

Das ist die Situation. Das ist die Wahrheit. Wir gehen mit Wasser um, als ob wir die Wahl hätten, es zu trinken oder auch nicht. Wir gehen mit dem Blut der Erde um, als ob seine schleichende Vergiftung im letzten Winkel des Weltalls Auswirkungen habe – aber nicht bei uns. Wir schütten Altöl in den Gully, weil es »mich ja dann nichts mehr angeht«. Wir bekämpfen Wasser, statt zu erkennen, dass Wasser immer siegen wird. Es sei denn, man macht es sich zum Freund.

Manche trinken Mineralwasser, weil sie wissen, dass das Wasser aus ihren Hähnen nicht mehr genießbar ist. Sie halten das für eine »Lösung«. Sie wissen nicht, dass es eine Lösung von demselben Wert ist wie das Aufsetzen einer Gasmaske bei schlechter Luft.

Die Regenwasserkanäle, die das Wasser davon abhalten zu fallen, wo es hingehört. Das Bewässern des eigenen Gartens, das Waschen des Autos, die Toilettenspülung mit Trinkwasser. Wir haben nicht mehr viel Zeit zu erkennen, welchen Irrsinn wir da treiben.

Zum Beispiel das Bewässern des eigenen Gartens: Warum fällt niemandem auf, wie verschwenderisch und schön die Natur alles grünen und blühen lässt – bewässert nur mit »zufälligen« Regengüssen, sich aus tiefen Wurzeln und vom Tau der Nacht ernährend und wochenlange Trockenheit mühelos überstehend? Und diese ganze Pracht nur wenige Meter neben einem künstlich bewässerten Garten, dessen schwachbrüstige Pflanzen Angriffen von Ungeziefer und Schädlingen schutzlos ausgeliefert sind, es sei denn, ihr Besitzer vergiftet Menschen, Vögel, Insekten und Grundwasser bei dem Versuch, die künstlich hochgepäppelten Schwächlinge zu retten. Wahrlich, wir müssen nur die Augen öffnen, um unsere Probleme zu lösen.

Ein österreichisches Wasserwerk verweigerte noch vor wenigen Jahren einer jungen Mutter, die in Sorge um ihr Baby war, die Information über den Nitratgehalt im Gemeindewasser – mit der Begründung, »das sei eine datengeschützte Information, weil es keine Umweltinformation ist ...« Ja, Sie lesen richtig.

Wir sagen Ihnen diese Dinge nicht, weil wir uns beklagen oder gar nach einem Schuldigen suchen wollen. Im Gegenteil: Solange sich die Menschheit in den Schlaf wiegt mit der Überzeugung, es genüge, versichert zu sein und irgendeinen Schuldigen zu finden, solange werden wir keinen Schritt vorwärtskommen, sondern im gegenwärtigen ziellosen und traurigen Zustand erstarren. Ein Zustand, in dem es leicht fällt, uns alle in Abhängigkeit und Unmündigkeit zu halten.

Nein, von Beginn an ist nichts Verkehrtes am Eingriff des Menschen in die Natur: »Füllt die Erde, und macht sie untertan, und herrscht über des Meeres Fische, die Vögel des Himmels und über alles Getier, das sich auf Erden regt« – so lautete die Aufforderung vor langer Zeit. Über Jahrhunderte hinweg haben viele von uns dieses Gebot missverstanden und die Natur als Sklaven betrachtet, den es auszubeuten gilt. Jeder gutwillige Diener kann jedoch zum kaltblütigen Rebellen werden, wenn man ihn als Sklaven missbraucht. Gentechnologie, Monokulturen, chemische Pestizide, Atomkraft – all das und viel mehr noch sind Symptome dieses arroganten Missbrauchs. So manche Umweltkatastrophe gehört zu dem hohen Preis, den wir für diese Verirrungen bezahlen müssen.

Die Natur führt keinen Kampf gegen die Menschheit, sondern gibt ihr alles, was sie braucht, wenn jeder Einzelne lernt, in Freundschaft mit sich selbst und mit der Natur zu leben. Diese Freundschaft kann niemals gesetzlich verordnet sein. Sie ist die eigene, persönliche Leistung, die eigene, persönliche Entscheidung. Menschen, Tiere, Pflanzen, Sterne, Planeten, Sonne und Mond, Sie und wir – wir alle sitzen im selben Boot. Und unser einziger Lebenssinn besteht darin, einander aufzuwecken und füreinander da zu sein – gleichgültig, wie lange die Menschheit noch braucht, um das einzusehen.

Ein entscheidender Faktor im gegenwärtigen Zustand ist die *Gewöhnung*. Wir schenken dem Thema Wasser keine Beachtung. Wir haben uns schon so sehr daran gewöhnt, mit Gift im Wasser und den langfristigen Folgekrankheiten zu leben, dass es kaum noch als etwas Ungewöhnliches auffällt: der Chlorgeruch aus dem Wasserhahn, die »Alarmmeldungen« über den Wasserzustand etc. Wir gehen mit Wasser so gedankenlos um wie der Tourist, der seinem Hund erlaubt, sein Geschäft auf einer Viehweide zu verrichten, und der damit das Heu im weiten Umkreis unbrauchbar macht. Obendrein bringen wir so zahlreiche Folgekrankheiten überhaupt nicht in Verbindung mit der Wasserqualität, weil sie sich schleichend einstellen und niemand, auch nicht die »Experten«, über die Zusammenhänge informiert. Am allerwenigsten diejenigen, die ein Interesse am Missbrauch des Wassers haben – die »Lausbuben«, die unser Blut vergiften, stauen und pressen, weil es ihnen in den Kram passt, die Müllbarone und Chemiekonzerne und ihre Kumpane und Komplizen.

Die Gewöhnung erleichtern unsere gewählten »Diener« mit der Festsetzung von Grenzwerten für die Menge von Schadstoffen, nicht nur im Wasser, festgelegt nach Normen, die vielleicht im Labor gut aussehen, aber niemals im »menschlichen Einzelfall« gültig sind – erstens, weil ein Gift fast nie allein auftritt, sondern mit vielen anderen Stoffen in Wechselwirkung tritt, zweitens, weil die Grenzwerttabellen nur kurzfristige Schadwirkungen berücksichtigen, und drittens, weil nur *bekannte* Schadstoffe einbezogen sind, nicht jedoch unbekannte oder neue Stoffe, von deren Unschädlichkeit oder Giftigkeit wir die Hersteller erst noch beweiskräftig überzeugen müssen (mit vielen Krankheits- und Todesfällen).

Gewöhnt haben wir uns auch daran, die Verwaltung von Wasser, das Ändern von Flussläufen, das Trockenlegen von Land, Sümpfen etc., das Absenken von Grundwasserspiegeln etc. so genannten »Experten« zu überlassen – zumeist Menschen, die an der Universität jedes Gefühl für Zusammenhänge betäuben mussten, auf Geheiß von Lehrplänen und Lehrern, die keinerlei Wissen über natürliche Zusammenhänge besitzen.

Fast alle diese Wissenschaftler lassen ihre Autos mit Trinkwasser waschen, spülen ihre Toiletten mit Trinkwasser. Dieselben Experten wollen uns auch weismachen, dass Mineralwasser aus großen Tiefen wertvoller ist als »normales« Quellwasser. Vielleicht deshalb, weil ihre primitiven Messgeräte noch nicht erfassen können, was jeder Wanderer fühlt, der sauberes Quellwasser trinkt: Nämlich dass es lebendiges und totes Wasser gibt. »Über sieben Steine muss Wasser fließen« heißt es, bevor es sauber und dem Menschen zuträglich ist. Diese Experten wissen auch nicht, dass die höhere Fließgeschwindigkeit von Wasserläufen nach Begradigungen die Selbstreinigung verhindert. Noch lange Zeit werden sie brauchen, bis sie begreifen, dass Mensch und Natur perfekt und vollkommen sind. Da gibt es nichts zu verbessern, sondern nur zu pflegen, zu entdecken und zu entfalten.

Wasserbauingenieure erlernen an der Universität zuerst den Umweg fort vom Sinnvollen und Natürlichen. Sie übernehmen künstliche Denkschablonen, Formeln und Rezepte. Viel später dann, nach vielen Irrtümern und kostspieligen Fehlschlägen, verkauft uns ein kleiner Teil von ihnen die Rückkehr zum Naturgemäßen als »Fortschritt«, während sich der große Rest in der Überzeugung schlafen legt, immer Recht zu haben.

Die echte, tiefe Armut eines Menschen entsteht nicht durch einen Mangel an irgendwelchen materiellen Dingen, sondern durch seinen Wunsch nach *Perfektion* – worin auch immer die Perfektion gesucht wird, in großem materiellen Reichtum, in einer »perfekten« Leistung, in Anerkennung von »allerhöchster Stelle«, in einem »guten Ruf« etc. In solchen Zielen, in der erträumten und gewünschten Vollkommenheit *vermutet* er den Reichtum. Und genau daher rührt diese tiefste Armut, weil wir ja schon von Vollkommenheit und Reichtum umgeben sind. Unsere Sinne sind zu betäubt, um sie zu erkennen. Alle wirklich genialen und schöpferischen Menschen – vom großen Künstler über den großen Heiler bis zum großen Erfinder – wissen genau, dass niemals *sie selbst* etwas geschaffen haben. Sie haben nur aufgedeckt und für jedermann sichtbar gemacht, *was ist*. Sie waren nur Werkzeuge für Kräfte, die schon immer da waren und sind – *für jeden, der sie annimmt.* »Nichts Neues unter der Sonne« …

Unsere »Diener«, die Politiker, sollten überlegen, ob es nicht sinnvoll wäre, kontrollierbare Filter und Messgeräte mit Alarmfunktion ins Abwassersystem jedes einzelnen Haushaltes einbauen zu lassen, bis wir uns an den achtsamen Umgang mit Wasser gewöhnt haben. Das ist natürlich Zukunftsmusik, solange nicht einmal die Großindustrie zu solchen Maßnahmen gezwungen wird und wir auf Umweltorganisationen angewiesen sind, um wenigstens in Stichproben zu prüfen, was die Konzerne ins Wasser leiten. Und es ist ein Vorschlag in Notwehr, weil eine solche Kontrolle nur Sinn macht, wenn wir *alle* unser Lebensmittel Nr. 2 behandeln wie es nötig wäre.

Das beste und für uns Menschen gedachte Wasser kommt aus Oberflächenquellen. Man sollte nur nehmen, was von selbst nach oben will. Das Wasser hat den nötigen Reifeprozess hinter sich und ist sauber und lebendig geworden, hat sich selbst gereinigt. Grundwasser dagegen ist noch ein wenig zu früh geholt, gleichsam eine »Frühgeburt«. Es enthält noch nicht alle Lebenskraft, die der Mensch im Wasser braucht. Die Natur hat es nicht ohne Grund noch nicht freigegeben. Viele Mineralwässer sind sogar regelrecht tot, den eigenen Flüssigkeitsbedarf ausschließlich mit ihnen zu decken, schwächt langfristig unsere Abwehrkräfte, gleichgültig wie viele »gesunde« Stoffe sie enthalten.

Wir selbst waren und sind gezwungen, Trinkwasser von unseren jeweiligen Heimatgemeinden zu beziehen, die es mehr oder weniger stark behandeln müssen. Wir haben uns vorerst mit der Verwendung von Geräten des Tiroler Naturforschers Johann Grander beholfen, der eine technische Möglichkeit entdeckt hat, dem Wasser die Schwingungskraft und Lebendigkeit von Quellwasser zurückzugeben. Unsere persönliche Erfahrung ist, dass Johann Grander eine für jedermann brauchbare Lösung gefunden hat.*

Brunnenwasser sollten Sie also in erster Linie als *Brauchwasser* betrachten, zum Waschen, Baden, Zimmerpflanzen gießen etc., in sinnvollem Maße und sparsam. Wie gesagt, es besitzt in den meisten Fällen nicht mehr die Lebendigkeit und Energie, die wir Menschen im Trinkwasser brauchen. Wenn Sie hauseigenes Brunnenwasser als Trinkwasser verwenden, sollten Sie es zumindest einmal jährlich auf Belastungen durch Schadstoffe untersuchen lassen. Wenn in der Nähe gebaut wird, sollten Sie nach Baufertigstellung ebenfalls eine Untersuchung machen lassen, weil Neubauten die unterirdischen Wasserläufe stark verändern können. Auch Quellwasser sollte geprüft werden, weil eine intensive Landwirtschaft in der Nähe und andere Faktoren die Selbstreinigungskraft sogar von Quellwasser beeinträchtigen können.

Wir brauchen sauberes und lebendiges Wasser. Woher

* Empfehlenswert ist hier das Buch *Auf der Spur des Wasserrätsels* von Hans Kronberger und Siegbert Lattacher (Uranus-Verlag Wien).

kommt das Wasser, das aus meinem Wasserhahn fließt? Ist es sauber oder »sauber gemacht«? Wohin fließt Wasser, wenn es in meinem Ausguss abwärts gurgelt, und womit habe ich es gemischt? Wohin fließt das Wasser, das in meinen Regenfallrohren in die Tiefe rauscht? Was bedeutet der Aufdruck auf meinem Waschmittel »Zu 99 Prozent biologisch abbaubar«? Was geschieht mit dem restlichen Prozent? Verwandelt es sich in Vitamine?

Denken Sie ein wenig über diese Fragen nach, behalten Sie sie im Auge. Wasser ist Leben. Jeder einzelne Tropfen. Nicht ein einziger ist entbehrlich und kann gefahrlos vergiftet werden. Alle gehören zu allen. Wasser ist Leben.

Bleiben Sie in Ihren Gedanken am Ball, übernehmen Sie Verantwortung für das Wasser in *Ihrem* Leben, und gehen Sie sparsam und verantwortlich damit um. Wenn nur wenige auf unser Wasser achten, lastet eine übermenschliche Verantwortung auf ihnen. Jeder Einzelne von uns muss eine gesunde Einstellung zum Wasser entwickeln, damit sich die Verhältnisse umdrehen und wir einen guten Weg in die Zukunft einschlagen können.

Mondkalender sagen Ihnen, wann Sie sich am besten auf die Suche nach dem Lebenselixier machen. Wenn Sie sorglos und verschwenderisch damit umgehen, dann ist das schlimmer als gar kein Wasser zu finden. Schätzen Sie sich doppelt glücklich, wenn genügend Wasser fließt und die Wasserqualität den Genuss zulässt. Sie haben unser aller Lebenselixier Nr. 2 angezapft.

Welches Lebenselixier Nr.1 ist, fragen Sie? Die Liebe, was sonst?

Quer durch Heim und Haus

Die Wissenschaft vom guten Platz

Gute und schlechte Plätze können ebenso wie feuchte Keller und aufgehobene Dachstühle zu einem Grund werden, ein Haus oder eine Wohnung schon nach wenigen Jahren wieder zu verlassen. Am Arbeitsplatz und in Haus und Wohnung die Qualität eines Platzes zu erkennen ist von entscheidender Bedeutung für gesundes Wohnen und Arbeiten. Wir möchten Ihnen dazu das entsprechende Kapitel aus unserem Buch *Aus eigener Kraft* (Seite 281) ans Herz legen. Darin erfahren Sie, welchen unschätzbaren Gewinn für Ihre Gesundheit und Wohlbefinden eine Grundbegehung vor Baubeginn durch einen Rutengeher haben kann, wie wichtig die Erkundung guter und schlechter Plätze im Haus ist.

Vielleicht erwacht dann Ihr Interesse, das Baugrundstück nach sogenannten *Störzonen* ausforschen zu lassen, um die genaue Hauslage zu bestimmen. Der Ruf nach dem Spezialisten für diese Aufgabe lohnt sich, denn manche Störzonen verlaufen so, dass es schon genügen würde, das Haus um einen Meter zu versetzen, um einer starken, gesundheitsschädlichen Strahlung oder Störzone auszuweichen, die sich möglicherweise durch mehrere Räume zieht.

Viele Zuschriften haben uns schon erreicht mit der Bitte um Angabe der Adressen von guten Rutengehern. Leider können wir inzwischen nicht mehr damit dienen, weil alle, die wir kennen, hoffnungslos überlastet sind. Vielleicht kann Ihnen eine Brunnenbaufirma weiterhelfen, denn oftmals arbeiten sie mit guten Rutengehern zusammen, die zumindest die Kreuzungspunkte von Wasseradern ausforschen können. Wasseradern selbst sind nicht schädlich, nur an ihren Kreuzungen sollte man nicht gerade Schlaf- oder Arbeitsplätze einrichten.

Die Grundbegehung ist aber auch dann sinnvoll, wenn das Grundstück zu klein ist, um Alternativen für die Hauslage zuzulassen. Die spätere Raumaufteilung lässt sich nach der Ausmessung so vornehmen, dass Schlaf- und Arbeitsräume von vornherein größeren Störzonen aus dem Weg gehen.

Die Meister ihres Fachs können zu jedem Zeitpunkt ein Baugrundstück erkunden, doch um ganz sicherzugehen, gilt die Regel, dass die Ausmessung bei zunehmendem Mond erfolgen sollte – je näher an Vollmond, desto besser. Bodenstrahlungen verstärken sich, je mehr der Mond zunimmt, was nebenbei bemerkt eine der Ursachen für Schlafwandeln ist. Schlafwandler schlafen oft auf schlechten Plätzen und weichen durch ihre unbewussten nächtlichen Ausflüge den Strahlungen aus.

Gut geplant ist halb gebaut – Tipps für Ihren Alltag

Hausbau, Innenausbau, Heimwerken und Wohnungseinrichtung – zu diesen Themen gibt es zahlreiche Ratgeber und Nachschlagewerke, denen wir nichts hinzuzufügen haben und die wir nicht ersetzen wollen. So manche wertvolle Erfahrung aus der Praxis ist jedoch, wenn überhaupt nur in wenigen Büchern zu finden. Vielleicht kann Ihnen der eine oder andere Tipp und Gedanke oder eine der vielen Anregungen in diesem Kapitel nützlich werden.

Es ist seltsam, aber wahr: In jedem Haushalt gibt es eine Unzahl von regelmäßig wiederkehrenden, teils täglichen Verrichtungen, die bei der Haus- oder Wohnungsplanung mit ebensolcher Regelmäßigkeit übergangen werden. Noch seltsamer: Je wichtiger die Tätigkeit, desto größer die Sünden schon bei der Planung. Von einer wirklich sinnvoll eingerichteten Küche über einen Platz für tropfnasse Schuhe bis zur Frage »Wohin mit der Schmutzwäsche?« – Themen, die erstaunlich oft so stiefmütterlich behandelt werden, dass man auf den Gedanken kommen könnte, hinter dem Unsinn verbirgt sich Methode. Dabei sollten wir doch Sorge tragen, dass uns alle Tätigkeiten, die man ein Leben lang täglich verrichten muss, vom Zähneputzen bis zur Anwendung von Toilettenpapier, so praktisch und reibungslos wie möglich von der Hand gehen.

Betrachten Sie einmal in Ruhe den Ablauf dieser Tätigkeiten: Gemeinsames Essen – Aufenthalt im Bad – Verlassen des Hauses – Hausaufgaben der Kinder – Versorgen der Schmutzwäsche – Schuhewechseln – Verwendung des Staubsaugers. Und jetzt fragen Sie sich, in welchem Werbefilm, in welchem Möbelprospekt auf diese Dinge mehr als nur oberflächlich eingegangen wird? All dies geht nicht durch immer stärkere Technisierung gut von der Hand, sondern durch *praktische Planung*.

Von niemandem kann man verlangen, Hausarbeit mit Schwung und Spaß zu verrichten, wenn er oder sie bei jedem Arbeitsgang zuerst Hindernisse überwinden muss. Beispielsweise das Holen eines Staubsaugers aus dem Schrank, wenn es mehr Arbeit macht, herausfallende Gegenstände zurückzuhalten, weil der Staubsauger »eigentlich« dort nicht hingehört. Oder der Marsch durch vier Räume, bevor man den Sauggenossen zu Gesicht bekommt.

Findet sich in Ihrem Haushalt ein Staubsauger? Ja? Und sind Sie wirklich zufrieden mit der Art und Weise, wo und wie er verstaut wird, wenn er gerade nicht seine geräuschvolle Aufgabe erfüllt? Ja? Dann gehören Sie entweder zu den Menschen, die nicht staubsaugen (und es großzügig anderen überlassen) oder zu jener winzigen Minderheit, die sich Gedanken über eine möglichst sinnvolle Herberge für den mechanischen Hausfreund gemacht hat.

Das klingt übertrieben? Schauen Sie sich um. Fast jeder Haushalt besitzt einen Staubsauger, aber kaum ein Haushalt der für die Maschine einen »liebevollen«, auf sie zugeschnittenen Platz hat. Ähnliches lassen wir mit der Schmutzwäsche geschehen. In jedem Haushalt, und sei er noch so klein, fällt Schmutzwäsche an (Einweg-Unterwäsche ist out!). Und jetzt schauen Sie sich um in den Möbelhäusern: Zig Quadratmeter Wohnzimmer, Kinderzimmer, Küchen – aber wo bleibt die Schmutzwäsche? Bestenfalls winzige Drahtkörbe in der Badabteilung.

Unter Umständen kann man ein Leben lang ohne Wohnzimmer auskommen (so wie wir), aber keinen Tag ohne frische Wäsche (außer Sie sind gerade dabei, sich im Urwald zu verirren). Wo bitte finden Sie in Möbelhäusern genügend Auswahl zur wirklich praktischen Versorgung der Schmutzwäsche? Wo ist der Architekt, der seinen Klienten eine Wäscherutsche vorschlägt, ohne dass sie ihn darauf bringen müssen? Ist Schmutzwäsche ein ebenso peinliches Thema wie Sex und Sterben? Einiges deutet darauf hin.

Bevor es also richtig losgeht mit unseren Tipps, hier unser ernst gemeinter Rat: *Planen Sie, bevor Sie bauen!*

Es ist uns schleierhaft, was viele zukünftige Bauherren gänzlich aus der Hand und aus der Verantwortung geben – vom Grundrissentwurf über die Wahl der Baustoffe und Heizung bis zum Umgang mit den späteren Bauschäden.

Wenn Sie Ihr eigenes Haus neu planen, beginnen Sie mit einer Liste, die so ausführlich wie möglich Ihre Wünsche und Ihren Bedarf enthält, und geben Sie diese Liste dem Architekten. In der Liste sollten auch Dinge stehen, wie: »Der Kamin darf nirgends einen Raum unnötig verstellen« oder »Der Heizungsraum sollte groß genug sein, um …« Nachdem es überall menschelt, sind auch Architekten nicht perfekt. Sie würden es nicht glauben, wie oft in Bauplänen der Kamin so gestellt wird, das er überall im Weg steht, beziehungsweise der Heizungsraum viel zu klein ausgelegt ist und spätere Änderungen nur sehr schwer zu verwirklichen sind auf Kosten anderer, ebenso wichtiger Räume. Setzen Sie Ihren Raumbedarf so hoch an, wie Sie es sich wünschen. Setzen Sie Prioritäten. Abstriche können Sie später immer noch machen, Schritt für Schritt, das Unwichtigste zuerst.

Und wählen Sie weise: Schafwolle zur Isolierung oder Mineralwolle? Holz? Beton? Naturstein? Glas? Welche Heizung? Lieber ein Jahr warten und dafür eine Solaranlage auf dem Dach? Wägen Sie ab, lassen Sie sich viel Zeit, behalten Sie immer den Faktor Kostenwahrheit im Auge und fragen Sie sich: »Wie oft in meinem Leben werde ich ein Haus für mich und meine Familie bauen?«

Verkäufer, Architekten, Bankangestellte oder Fliesenleger – nicht immer sind sie gesprächsbereit und auskunftsfreudig, aber Ihnen bleibt immer die Wahl, bei wem Sie kaufen oder Geschäfte abschließen. Auch Sie werden wie wir auf offene Ohren stoßen und zufrieden sein. Wenn nicht, suchen Sie einfach weiter.

Vor allem aber: *Planung ohne Freude führt zu nichts!* Wenn Ihnen die Zeit der Vorbereitung und Planung keine Freude macht, überlegen Sie gut, wozu Sie überhaupt bauen?

Keller und Lagerung

Früher verstand man unter »Keller« meist etwas anderes als heute. Er diente fast ausschließlich zu Lagerzwecken – Wein, Gemüse, Lebensmittel. Von der Sauna über Partyraum bis zum Zweitbüro: Heute werden Kellerräume für alle möglichen Dinge genutzt. Das ist in Ordnung, solange sie gezielt genutzt werden, kann sich aber verheerend auswirken, wenn etwa ein warmer Tischtennisraum auch zu Lagerzwecken dienen soll. Bis heute hat sich nämlich an den Regeln des erfolgreichen Lagerns nichts geändert: Je kühler und dunkler desto besser. Gleichmäßige Temperaturen sollten herrschen und das Anlegen größerer Vorräte sollte ausschließlich bei abnehmendem Mond in Widder, Löwe oder Schütze erfolgen.

- Die negative Strahlung von Beton kann man mit Holzverschalung oder Kork (fünf Zentimeter Dicke) neutralisieren.
- Versäumen Sie nicht, Kellerräume kurz vor Neumond gut zu lüften (evtl. mit Durchzug). So halten Sie alle Feuchträume trocken und geruchfrei.
- Kellerräume sind kein Sperrmüllsammelplatz!

Wirtschaftsraum

Ob Wirtschaftsraum im Haus oder nicht, auf diese Fragen sollte man eine Antwort wissen: Wohin mit nasser oder feuchter Schmutzwäsche? Es ist merkwürdig, aber das Thema Schmutzwäsche wird generell so stiefmütterlich behandelt, dass man nur selten wirklich brauchbaren Lösungen begegnet – Wäscherutschen von oberen Stockwerken in den

Keller, genügend Haken oder Leinen für nasse, saubere Wäsche zum Abtropfen, genügend Platz für nasse oder feuchte Schmutzwäsche. Nur sehr selten findet man an geeigneter Stelle im Keller oder im Wirtschaftsraum ein großes Waschbecken mit Doppelwanne und Gitter (etwa zum Ausbreiten von nassen Wollsachen). Vielleicht denken Sie an diese Dinge, wenn Sie gerade beim Planen sind. Häuser werden nicht von Wesen bewohnt, deren Wäsche immer sauber bleibt.

- Lassen Sie nach Möglichkeit niemals feuchte Schmutzwäsche – Handtücher, Waschlappen, Kinderwäsche nach Regentagen – liegen. Häufig kommen Stockflecken und modriger Geruch an Krebs-, Skorpion- und Fische-Tagen vor, besonders kurz vor Vollmond.

Speisekammer

- Die Prüfung, ob die Speisekammer Störzonen aufweist, ist von zentraler Bedeutung. Wer keine Möglichkeit hat, gute und schlechte Plätze ausforschen zu lassen, sollte jenen Platz meiden, an dem Lebensmittel immer wieder schnell verderben, auch wenn sie bei abnehmendem Mond gekauft oder geerntet sind. Lagern Sie an diesem Platz Geschirr, das nur selten gebraucht wird.
- Bietet Ihre Speisekammer die Möglichkeit zum Aufhängen von Kräutern, Zwiebeln, Knoblauch, zum Kräutertrocknen auf Gittern?
- Achten Sie auf gute Entlüftung, möglichst ohne Fenster.
- Lagern Sie keine stark riechenden Lebensmittel und legen Sie größere Vorräte nur bei abnehmendem Mond an.

- Keine Reinigungsarbeiten in der Speisekammer kurz vor oder bei Vollmond, auch nicht an Krebs, Skorpion und Fische.
- Sollte sich dennoch Feuchtigkeit oder Schimmel bilden, unbedingt bei abnehmendem Mond an Zwillinge, Waage und Wassermann oder Widder, Löwe und Schütze intensiv reinigen und gut lüften mit Durchzug (siehe Seite 94).
- Wenn Sie eine Wärmepumpe zur Heizung Ihres Brauchwassers planen, leiten Sie die anfallende Kaltluft durch ein gut isoliertes Rohr in die Speisekammer.

Küche

Ob man liebevoll, gelassen, einfallsreich, ausdauernd und künstlerisch am »Arbeitsplatz Küche« arbeitet, oder nervös, hektisch, widerwillig – das wirkt sich unter Umständen lebenslang aus, ja es prägt vielleicht sogar den Alltag der ganzen Familie, zum Guten wie zum Schlechten.

Nichts gegen die Planer von Küchen, aber solange Küchengestaltung an Bürotischen geschieht, wird es keine praktischen Lösungen geben. Küchenbauer sollten sich Frauen und Männer ins Haus holen, die seit Jahrzehnten mit allen Sinnen und voller Freude kochen. Sehr schnell würden die Planer die Finger lassen von Edelstahl und anderen unsinnigen Dingen. Der Alltag ist lang und sollte nicht langweilig oder unnötig kompliziert sein. Ideen, Einfallsreichtum und Ausdauer können Sie von niemandem verlangen, der seine Arbeit auf einem »schlechten Platz«, auf einer Störzone erledigt.

Vielfach gilt offenbar das Thema Abfall, Schmutz, Staub, – das Thema Abnutzung, Verbrauch als Tabu, wie eben das Thema Altern und Sterben auch. Wo man hinschaut, schon das Nachspiel des Kochens gilt als »unfein«. Oder haben Sie schon einmal im Werbefernsehen eine Kamera über appetitlich und lustvoll *leergegessene* Teller wandern sehen? Selbst in der Werbung für Geschirrspüler sieht man keine echten festgeklebten Essensreste mehr, sondern wunderschöne Computergrafiken. Alles ist schöner Schein, Küchen sind nur dann ansehnlich und brauchbar, wenn man sie Gästen vorzeigen kann und wenn alles superschnell geht. Nirgends darf die Mikrowelle fehlen, die aus dem Essen auch noch den letzten Rest Leben herausbrennt. Ein Grund für die Allergie-Epidemie unserer Zeit sind Fertiggerichte. Sie enthalten eine Unzahl von langfristig giftigen Haltbarmachern und Sucht auslösenden künstlichen »Geschmacksverstärkern«, die unser Immunsystem schwächen. Instinktiv spüren das viele Menschen und haben sich dadurch das Kochen verleiden lassen.

Küchen sind heute einerseits so eingerichtet, dass man nicht mehr praktisch kochen kann, andererseits will man gar nicht mehr richtig kochen, weil die Qualität der Grundstoffe nachgelassen hat. Ein kleiner Teufelskreis ... Den Sinn und den wahren Wert des Kochens zu vergessen erleichtern nicht zuletzt Küchen, die am Reißbrett entstehen, aber nicht unter den Händen von Menschen, die gerne kochen.

- Die Luftlinie zwischen Spüle und Herd sollte nicht über den Küchenboden führen und höchstens ein bis zwei Unterschrankbreiten betragen. Sonst wird der Küchenboden zum Tropfenfänger.

- Wenig Freude macht das Ausräumen des Geschirrspülers, wenn der Stauraum für das Geschirr weit entfernt liegt: Geschirr also nahe am Spüler so wie Gewürze nahe am Herd.
- Die beste Himmelsrichtung der Küche: Osten.
- Für Rechtshänder: Beim Putzen von Gemüse, Obst etc. brauchen Sie vor sich Platz für Abfälle. Links von Ihnen Raum zur Ablage der geputzten Dinge. Deshalb ist ein Hochschrank gleich links vom Arbeitsplatz unpassend, lassen Sie Raum links vom Arbeitsplatz. Für Linkshänder gilt dieser Tipp genau umgekehrt.
- Für den Herd gilt: Hat er keinen Platz links und rechts, wie will man dann »praktisch« aufgießen, zügig Zutaten zugeben oder das Arbeitsbesteck sauber auf bereitgestellte Unterlagen ablegen? Kleine Ursache – große Wirkung.

Diele

Die Diele ist jener Raum im Haus, der Sie und Ihren Besuch begrüßt. Wie soll das Willkommen ausfallen? Hell, fröhlich, großzügig, vor allem: praktisch? Oder eng, dunkel, und »wohin jetzt mit den nassen Schuhen und dem tropfenden Regenschirm«?

- Feuchte Kleidung braucht Luft. In Schränken hat sie absolut nichts zu suchen!
- Die Diele braucht Raum für das Abstellen von Einkaufstüten, Schultaschen, sie braucht sicheren Platz für kleine Kinder, damit sie nicht von nachdrängenden größeren Kindern in den Keller geschubst werden.

Wohnzimmer

- Brauchen Sie ein Wohnzimmer? Eine große Wohnküche ist oft der Mittelpunkt des Hauses und das Wohnzimmer sammelt nur Staub. Verbaute Quadratmeter sind einfach zu teuer als dass man sie »repräsentativen Zwecken« opfern sollte.
- Die beste Himmelsrichtung des Wohnzimmers: Westen.

Heizungssystem und Elektroinstallation

Glauben Sie, dass elektrischer Strom aus Atomkraft gewonnen, derselbe Strom ist wie aus Wasserkraft gewonnen? Jeder Physiker würde es bejahen. Menschen mit Gespür wissen es besser.

Glauben Sie, dass Wärme, durch Öl- oder Gasverbrennung gewonnen, auf unseren Körper gleich wirkt wie Wärme, aus Holzverbrennung gewonnen? Fast jeder Arzt und jeder Physiker würde es bejahen. Menschen mit Gespür wissen es besser.

Wärme aus Holzverbrennung gewonnen, ob durch eine Zentralheizung in die Räume geleitet oder direkt erfahren am offenen Kamin, hat eine gesündere Wirkung auf uns als Wärme aus Erdgas oder Erdöl. Vielleicht gelingt der Wissenschaft eines Tages der Beweis. Aber von diesem Beweis muss sich niemand abhängig machen.

Energie und Wärme aus erneuerbaren Energien – aus Sonnenkraft, Wasserkraft, Windkraft und Biomasse – sind gesünder, sind umweltfreundlich, sind unsere Zukunft. Jeder

Schritt, der uns aus der Abhängigkeit von Gas, Erdöl, Kohle und Atomkraft und ihren Lieferanten führt, ist ein Schritt in die Freiheit und Zukunft. Von *allem,* was ihn unnötig abhängig macht, sollte sich der Mensch befreien.

Wir geben Milliarden und Abermilliarden Schilling, Dollar, Franken, Mark und Euro unseren Dienern zu treuen Händen – man nennt dieses Geld auch »Steuern«. Einen winzigen Bruchteil des Geldes verwenden diese Diener, um damit zu neuen Ufern der Erkenntnis vorzustoßen (im Etat für Bildung und Forschung). Wiederum ein winziger Bruchteil der Ausgaben für Forschung verwenden unsere Diener – auf Anordnung der Industrie – für die Erforschung erneuerbarer Energien wie Wasserkraft, Windkraft und Biomasse. Dieselben Diener tun nichts dagegen, wenn die Energiemonopolisten den großen Konzernen und Industrien »schmutzigen« Strom aus Atomkraft, Kohle, Erdöl, Erdgas und Müll zur Verfügung stellen, zu billigeren Preisen als den Privathaushalten. Und sie tun nichts dagegen, wenn diese Monopolisten hoch gerühmte Experten bemühen, um nachzuweisen, dass »Windkraft nichts bringt«. Und das mit so idiotischen Argumenten, dass man sich fragt, ob diese Experten eigentlich nachts gut schlafen und was sie wohl ihren Kindern eines Tages sagen, wenn sie sich bei ihnen entschuldigen.

Im Laufe von dreißig Minuten bestrahlt uns die Sonne mit dem gesamten Jahresenergiebedarf der Erde. Traurig, dass es noch etwas dauern wird, bis jedes Dach aus Solarzellen besteht, bis Wind, Wasser und Biomasse Strom und Wärme liefern. Es wäre heute schon genug da. Ein Land, das keine

Sonne hat, hat Wind- und Wasserkraft genug. Ein Land, das keinen Wind und nicht genug Wasserkraft hat, hat Sonnenkraft. Und überall ist Biomasse, von Pflanzen und Tieren gewonnen, die bei der Rückverwandlung in Erde Energie abgibt zum Verschenken. In den Schubläden der Wissenschaft und Industrie liegt heute schon die ausgereifte Technologie, um jedem Haushalt genug Wärme und Strom zur Selbstversorgung zu geben. Sie wird nicht zum Zuge kommen, solange man uns so bequem abzocken kann.

Wir können Ihnen nur eines empfehlen: Seien Sie Vorbild, auch wenn es sich »nicht rechnet« und die Amortisation lange dauert. »Schmutziger« Strom und »schmutzige« Wärme sind künstlich billig, sauberer Strom und saubere Wärme sind künstlich verteuert. Informieren Sie sich genau und vor allen Dingen, informieren Sie sich nicht bei denen, die von Kohle, Öl und Atomkraft profitieren. Zahllose Windräder, Sonnenkollektoren, Photovoltaikanlagen, Holzzentralheizungen und Kleinwasserkraftwerke erzählen Ihnen eine ehrlichere Geschichte als die Hochglanzprospekte der Energieversorgungsunternehmen und die salbungsvollen Worte der »Experten«.

- Wie hoch sind Ihre Heizkosten pro Jahr? Wer die Raumtemperatur zu Hause von 22 auf 20 Grad absenkt und sich einen Pullover mehr pro Jahr kauft, der spart mindestens 12 Prozent Heizkosten! Diese 12 Prozent investiert und schon sieht die Rechnung mit der Solarenergie wieder anders aus.
- Bei der Bodenheizung und anderen, in Rohren verlegten Heizsystemen: Sorgen Sie dafür, gemeinsam mit dem In-

stallateur, dass die Heizschlangen und -rohre im Raum rechtsdrehend im Uhrzeigersinn verlegt werden. Die Energie des strömenden Heizwassers strahlt dann natürlicher im Raum.

- Im Idealfall sollten alle Installationsarbeiten am Haus an Wassertagen erfolgen (Krebs, Skorpion, Fische). Die Wirkung, die hier das Achten auf den richtigen Zeitpunkt hat, beruht ausschließlich auf Erfahrung und ist nicht zu begründen: Das Trinkwasser bleibt frischer und die Korrosion in allen Leitungen, auch in Geräten (Rost, Ablagerungen etc.), verläuft viel langsamer.
- Wenn Sie die Wahl haben zwischen Strahlungswärme und Konvektionswärme, dann entscheiden Sie sich für Strahlungswärme. In vielen Büchern ist der Unterschied erklärt: Ihr Körper soll sich wärmen, nicht die Luft. Fühlen Sie, wie angenehm die Sonne wärmt, im Hochgebirge, bei ganz niedrigen Außentemperaturen und Windstille? Das ist gesunde Strahlungswärme, dieselbe Wärme, die wir an Kachelöfen so angenehm empfinden. Erwärmte, glatte Flächen geben Strahlungswärme ab und müssen viel weniger aufgeheizt werden als Rippenheizkörper, die die Luft erwärmen und in Bewegung versetzen. Strahlungswärme hat nur einen Nachteil: Sie kann nicht »um die Ecke« wandern. Nur was sich in direkter Linie zur Wärmequelle befindet, wird erwärmt. Der übrige Raum ist auf erwärmte Luft und damit einen ständigen Warmluftstrom angewiesen. Deshalb ist eine gute Planung nötig, wenn man sich für ein möglichst hohes Maß an Strahlungswärme entscheidet.

- Beim ersten Aufheizen eines Neubaus lohnt es sich, auf den richtigen Zeitpunkt zu achten: Der Kamin zieht besser, das Haus erreicht schon bald eine gute und schnelle Durchwärmung, die letzte Feuchtigkeit wird aus den Wänden vertrieben und die Rußbildung ist später viel geringer. Es sollte bei abnehmendem Mond an Widder, Löwe oder Schütze geschehen. Diese Regel gilt auch allgemein für das erste Heizen im Herbst vor der Winterheizperiode.
- *Elektrosmog* nennt man diejenige Auswirkung von elektrischen Feldern und Strahlungen, die sich als gesundheitsbelastend erwiesen hat. Solche Felder bilden sich um jedes unter Strom stehende Gerät oder Kabel, je näher am Körper und je stärker der Strom, desto größer die Wirkung. Die gesundheitsbelastende Wirkung ist individuell verschieden, nicht jeder ist gleich empfindlich. Wie auch die Wirkung von Sonnenbädern verschieden ist: Der eine legt sich eine Stunde in die Sonne und wird braun, der andere leuchtet schon nach zehn Minuten tiefrot. Heute gibt es Netzfreischalter, die bei ausgeschalteten Geräten die Kabel stromlos schalten, und es gibt speziell abgeschirmte Biostromkabel. Sie rentieren sich vor allem dort, wo man schläft.

Schlafzimmer

- Die Untersuchung nach guten und schlechten Plätzen ist im Schlafzimmer die allerwichtigste Maßnahme. Wenn Sie keine Möglichkeit haben, gute und schlechte Plätze ausforschen zu lassen, dann experimentieren Sie so lange, bis Sie gut schlafen und morgens frisch und ausgeruht aufwachen. Dabei sollte jeder neue Platz mindestens 14 Tage lang ausprobiert werden, bis ein klares Urteil möglich ist.

- Die gute Schlafrichtung: Kopf im Norden, Füße im Süden, oder Kopf im Westen, Füße im Osten. Wenn Sie mit dem Kopf in Richtung Norden schlafen, darf keine Stromleitung durch die Nordwand gehen (eventuell Netzfreischalter einbauen oder Sicherung nachts ausschalten). Keine elektrischen Wecker oder eingebauten Elektrogeräte am Kopfende des Betts. Im Laufe der Zeit strahlen sie negativ auch ohne Strom.
- Wenn Sie näher als 50 Meter an einem Fluss oder Bach schlafen, dann legen Sie sich quer zur Laufrichtung des Wassers. In Flussrichtung schlafende Menschen sind morgens erschöpft und ausgelaugt, gegen Flussrichtung schlafend wachen sie morgens oft mit schwerem Kopf oder Kopfschmerzen auf, weil der Energieandrang zu stark ist. Als Folge kann sich auch ein zu hoher Blutdruck einstellen.

Kinder- und Jugendzimmer

- Gute und schlechte Plätze ausforschen, sonst ist es sinnlos, Hausaufgaben machen zu lassen oder Kinder rechtzeitig ins Bett zu schicken!
- Drehen Sie bei kleinen Kindern öfters das Bett um 180 Grad (oder das Kind im Bett). Während der ersten Lebensjahre sollte das Licht nicht immer von der gleichen Seite kommen, weil sich sonst Muskeln und Nerven einseitig ent-

wickeln und es später zu Wirbelsäulenbeschwerden und Bandscheibenschäden kommen kann.

- Hochbetten sind eine feine Sache, mit der sich Kinder gerne anfreunden und die viel Platz gewinnt. Dennoch sollten unter dem Bett keine Spielsachen verstaut werden. Besonders Plastikspielzeug strahlt mitunter sehr stark und belastet den Organismus. Seine Verwendung lässt sich heutzutage kaum vermeiden, man sollte es nicht fanatisch ablehnen. Das wäre genauso unklug wie ein absolutes Fernsehverbot. Nützen Sie den Stauraum für Bettwäsche, Winter/Sommerdecken etc.
- Wenn ein Fernseher im Zimmer steht, sollte man ihn auf einem Drehteller anbringen, abends den Stecker ziehen und den Bildschirm vom Bett wegdrehen.
- Für lebhafte Kinder sollte man beruhigende Wandfarben verwenden, nicht übertrieben bunt. Meiden Sie Rot und Gelb. Diese Farben sind O.K., sie haben aber nichts in den Zimmern lebhafter Kinder verloren, die schlecht einschlafen können.

Bad

- Wenn drei Leute hintereinander gebadet oder geduscht haben, wissen Sie dann, wohin mit den feuchten Handtüchern, damit sie schnell wieder trocken werden?
- Das Bad sollten Sie als Zufluchtsort betrachten zur Entstrahlung und Entspannung. Ein Raum, der bei der Planung besondere Aufmerksamkeit verdient.

Dachboden

- Wie auch beim Verstauen und Lagern im Keller: Am besten bei abnehmendem Mond und an Lichttagen (Zwillinge, Waage und Wassermann). Krebs, Skorpion und Fische am besten aus dem Weg gehen.
- Ein Dachboden mit wenig Licht eignet sich gut zum Trocknen von Kräutersträußen, Zwiebeln, Knoblauch etc. an Leinen, die entlang der ganzen Länge des Dachbodens aufgespannt sind (was nicht so leicht trocknet, am besten auf luftdurchlässiger Unterlage ausbreiten). Das Abfüllen ebenfalls bei abnehmendem Mond vornehmen (lange haltbar). Knoblauch nicht in der Nähe von Kleidern trocknen. Wenn er richtig getrocknet wird, riecht Knoblauch nicht lange und sein Aroma bleibt trotzdem voll erhalten.
- Verwenden Sie den Dachboden niemals als Sperrmüllsammelplatz, sonst schleppen Sie immer belastende Dinge über Ihrem Kopf herum.

Sommer/Winter

Viele Krankheiten rühren daher, dass man immer gleich gekleidet ist, im Sommer wie im Winter, bei sonnigem wie bei schlechtem Wetter. Und das auf Grund der Gewöhnung an gleichbleibend temperierte Wohn- und Arbeitsräume, an Autos mit Klimaanlagen etc. Deshalb wird auch immer über das Wetter geklagt. Sogar die »Wetterfrösche« im Fernsehen haben sich schon diesen jammernden Ton angewöhnt, wenn gerade nicht die Sonne scheint und 22,7 Grad herrschen … Dabei gibt es kein schlechtes Wetter, ob sengende 35 Grad über Null oder klirrende 20 Grad darunter. Es gibt nur »schlechte«, unangemessene Kleidung. Daheim sollte man sich eben nicht so verhalten wie die Kleidungsindustrie, die schon im Januar Sommerkleidung verkauft.

Planen Sie den Raum für die Garderobe geräumig! Gerade in den Übergangszeiten sind viele verschiedene Kleidungsstücke nötig, um sich schnell anpassen zu können.

Büro

- Gute und schlechte Plätze ausforschen! Eine Störzone am Arbeitsplatz macht das Werkeln dort zur unangenehmen, lästigen Pflichtübung. Freude kann dort nicht aufkommen. Überlassen Sie den Platz lieber Ihrer Katze, und rücken Sie den Schreibtisch woanders hin.
- Ist vielleicht eine Schallschutztür sinnvoll? Sie kostet nicht viel mehr, kann aber langfristig segensreich wirken.

Gartenanlage

Ein schöner, gepflegter Garten ist wichtiger Bestandteil beim Hausbau und trägt viel dazu bei, Gesundheit und Wohlbefinden seiner Besitzer zu fördern, besonders auch durch die Möglichkeit, gesundes Gemüse, Kräuter und Früchte zu ernten. Welchen großen Gewinn im Garten die Kenntnis der Regeln des richtigen Zeitpunkts bringen können, davon wissen inzwischen die zahlreichen Leser unseres ersten Buches *Vom richtigen Zeitpunkt.* Manche von Ihnen haben an »unmöglichsten« Plätzen wahre Paradiese aus dem Boden heranreifen lassen – lebendige Zeugnisse für den Wert des alten Wissens um die Natur- und Mondrhythmen.

Hier einige Tipps, die nicht in unseren ersten Büchern stehen:

- Wenn Sie einen Gemüsegarten neu anlegen wollen, setzen Sie anfangs ein oder zwei Jahre lang nur Kartoffeln! Nach dieser Zeit erhalten Sie einen wunderbaren Gartenboden, der Ihnen eine Vielfalt verschiedenster Früchte schenkt. Im Rahmen der natürlichen Fruchtfolge sollten Sie auch in späteren Jahren immer wieder einmal Kartoffeln setzen, das erhält Ihren Boden frisch und jung.
- Planen Sie Ihren Kindern zuliebe ein »Nachspeise-Eck« im Garten: mit Erdbeeren, Kirschen, Himbeeren, Brombeeren, Stachelbeeren, Äpfeln. Zu fast allen Jahreszeiten können Ihre Kinder dann die plötzlichen Gelüste auf Süßes gesund stillen und naschen – von Erdbeeren bis Lederäpfel. Pflanzen Sie dabei die Wald- oder Monatserdbeeren, nicht die künstlich gezüchteten großen Erdbeeren. Die kleine Art verbreitet sich schnell und schmeckt super. Und solange die Früchte noch nicht reifen, lassen Sie Ihre Kinder lieber Gänseblümchen, Sauerampfer und Löwenzahnköpfe essen, statt der Süßigkeitengifte.

Welches Holz für welchen Zweck?

So gut wie nirgends steht geschrieben, welche heimische Holzart sich für welchen Zweck am besten eignet und umgekehrt. Die Gleichgültigkeit gegenüber dieser Frage geht manchmal so tief, dass die Käufer einer Bettstatt (!) aus Massivholz nicht einmal nachfragen, aus welchem Holz das Bett besteht – geschweige denn zu fragen, wie die Oberfläche behandelt ist und woraus der Leim besteht. Hauptsache, es sieht »gut« aus!

Seien Sie beruhigt: Die Antwort gehört heutzutage nicht einmal mehr zum Lehrstoff an Schreiner- und Holzfachschulen. Gute Schreiner müssen sich erst durch eigene Erfahrung das nötige Wissen aneignen. Denn es ist alles andere als gleichgültig, welches Holz man für welchen Zweck verwendet: Tanne beispielsweise ist als Holz für Betten ungeeignet, weil sich der Ruhende darin nicht so leicht erwärmt. Manche Menschen durchwärmen sich gar nicht, auch wenn die Decke den Zimmertemperaturen angemessen wäre. Eine Information, die verloren gegangen zu sein scheint, weil man vielerorts Betten aus Tanne findet. Wir haben daher diese kleine Sammlung von Tipps für notwendig gehalten.

Wer eine Fußbodenheizung unter seinem Holzboden besitzt, der wandelt mit Sicherheit auf Hartholz. Aus Hartholz bestehen in unseren Breiten fast alle Laub tragenden Bäu-

me – Buche, Eiche, Ahorn, Esche etc. Natürlich gibt es verschiedene Härtegrade unter Laubgehölzen, auf steinharter Eiche beispielsweise werden Sie Abdrücke von Pfennigabsätzen weniger oft finden als auf einem Eschenboden. Und Erlenholz ist weicher als das »Weichholz« mancher Nadelbäume.

Die Fußbodenheizung braucht deshalb einen Hartholzboden (wenn man sich für Holz entscheidet), weil Weichholz viel mehr Luft enthält und zu stark wärmedämmend wirkt. Aus Weichholz bestehen die meisten Nadelbäume in unseren Breiten – Fichte, Tanne, Zirbelkiefer, Lärche, Föhre etc. Der Unterschied zwischen Hart- und Weichhölzern wird am augenfälligsten mit dem Fingernageltest: Was sich mit dem Fingernagel ritzen lässt, gehört zu den Weichhölzern (verzichten Sie jedoch auf Tests im nächsten Möbelhaus!).

- **Fichte:** Fichtenholz eignet sich gut als Bauholz unter Dach, wo es keiner direkten Bewitterung ausgesetzt ist – für Dachstühle, Schalungen, Verkleidungen. Auch sehr gut für Möbel geeignet, ist jedoch ein Weichholz. Fichtenmöbel sind nicht kratz- und stoßfest und es bedarf einer Rücksichtnahme, die sehr schnell anstrengend wird, wenn Sie Kinder haben. Fichte ist auch für Fußböden gut geeignet, wenn es nicht gerade der Flur oder das Kinderzimmer ist (keine Fußbodenheizung). Als Brennholz brauchbar, jedoch weniger gut als Laubholz.
- **Tanne:** Alle Anwendungsbereiche der Fichte, jedoch viel wasserfester. Deshalb gut geeignet für den Wasserbau (Brunnen, Brückenpfeiler, Anlegepflöcke). Die Tanne riecht anders als die Fichte, etwas herber. Ideales Saunaholz, weil keine Harzgallen vorhanden sind. Wenn man

Tanne für Wasserbauten verwendet, dann sollte man im Tierkreiszeichen Fische ernten und den Stamm möglichst bald einarbeiten.

- **Lärche:** Das ideale Holz für den Außenbereich: Fensterrahmen, Holzterrassen, Balkone, Zäune, Spielplätze, Brückenstege, Treppen. Auch gut geeignet für Fußböden im Innenbereich, weil härter und zäher als Fichtenholz. Dachschindeln sollten immer aus Lärchenholz sein. Lärchenholz ist sehr wetterbeständig und fault nicht, auch *ohne jede Schutzlasur und Imprägnierung*. Unbehandelt verwandelt es sich in ein schönes silbriges Grau, das mit den Jahren immer schöner wird. Sollten Sie Lärche für Terrasse und Balkon wählen, achten Sie sehr sorgfältig darauf, dass niemals Holzsplitter hervorstehen. Kein Holzsplitter schmerzt mehr als Lärchenholz.
- **Zirbe (Arve, Zirbelkiefer):** Zirbenholz ist ein sehr kostbares Holz, das meist im Möbelbau verwendet wird. Ein »Holz fürs Leben«, deshalb idealer Werkstoff für den Bau von Lebensmittelkästen: Die enthaltenen ätherischen Öle wirken für die gesamte Lebensdauer des Kastens schädlingsabweisend. Ein wunderbares Holz für Schalen aller Art, das auch noch nach Jahrzehnten gut duftet.
- **Kiefer:** Gut bei allen Anwendungen im Innenbereich – vom Bauholz bis zum Möbelholz. Zum falschen Zeitpunkt gefällte Kiefern und Zirben neigen zum Befall mit dem Bläuepilz. Deshalb ist hier wie bei allen anderen Holzarten die Ernte nach den Mondrhythmen besonders wichtig, dann wird das Holz nicht blau (siehe *Aus eigener Kraft* Seite 267).

- **Eiche:** Das dauerhafteste Holz, einfach unverwüstlich. Ideal für Treppen, Böden, Bahnschwellen, Wein- und Cognacfässer. Für Möbel und als Brennholz, wo keine Buche zur Verfügung steht. Für Hausschwellen, weil es den Bewohnern eine besondere Kraft verleiht.
- **Buche:** Steht im Ruf, das unruhigste Holz zu sein. Durch Ernte und Verarbeitung nach den Mondregeln lässt sich dieser Eigenschaft verlässlich entgegenwirken. Hart wie Eiche, jedoch nicht witterungs- und nässebeständig. Eignet sich für Möbel und Fußböden im Innenbereich. Das beste Brennholz.
- **Esche:** Sehr gutes Fußbodenholz. Während Buche hart und dicht ist, ist Eschenholz hart und zäh. Bei vielen Sportgeräten, Werkzeugen, Besenstielen etc. ist Esche deshalb das Holz der Wahl. Es eignet sich auch gut als Möbelholz, eventuell auch für Zimmertüren. Manchmal findet man Haustüren in »Esche weiß«, ein schöner Anblick.
- **Erle:** Früher galt das sehr weiche Erlenholz fast ausschließlich als günstiger Rohstoff für Drechselwaren, gemeinsam mit Weidenholz auch als wohlfeiles Holz für Wirtshaustische. Es ist weicher als Kiefernholz, ähnlich weich wie Pappel und Zirbe. Das Holz kam in den letzten Jahren in Mode, heute ist allerdings der heimische Markt leer gefegt; es wird daher importiert, vorwiegend aus Amerika. Weil es wurmempfindlich und pilzanfällig ist, wird das importierte Holz (wie fast alle Hölzer aus fernen Ländern) stark mit Pestiziden behandelt. Bitte erkundigen Sie sich daher genau nach der Herkunft. Bei heimischer Erle dagegen gibt es kaum Grund zum Misstrauen.

- **Ahorn:** Ein sehr schönes, helles Hartholz, manchmal fast weiß. Gute geeignet für Tischplatten, Fußböden oder Treppen. Ahornküchen sind besonders hell und fröhlich, und wenn ein Kind an einem verregneten Tag mit seinem Spielauto dagegendonnert, dann tut das der Schönheit keinen Abbruch.
- **Linde:** Sehr weiches Laubholz, eignet sich sehr gut für Schnitzarbeiten.
- **Obstgehölze:** Kirsche, Apfel und Birne zählen zu den beliebtesten Obsthölzern. Die Übrigen, wie etwa die Zwetschge, sind entweder kaum verfügbar oder wenig geeignet. Obsthölzer besitzen eine besondere Maserung, sind auf sympathische Weise »unruhig«. Meist weisen sie eine rötlich-warme Färbung auf. Hölzer für besondere Oberflächen: Fronten, Theken, kleine besondere Gegenstände.

Lassen Sie uns schließlich eine klare Empfehlung aussprechen: Verwenden Sie möglichst *heimisches* Holz! Die tieferen Gründe dafür stehen ausführlich in unserem Buch *Aus eigener Kraft,* wenn von Bedeutung und Gesundheitswert heimischer Nahrungsmittel die Rede ist.

Heimisches Holz besitzt alle Eigenschaften, um Ihre Wohnung in ein stärkendes Kraftfeld zu verwandeln, während beispielsweise viele Tropenhölzer (besonders Mahagoni) eine für unseren Organismus schwächende Ausstrahlung besitzen.

Ein weiteres Argument für Holz: Holz benötigt zur Gewinnung, Verarbeitung und beim Einbau weniger Energie als andere Baustoffe. Das Verhältnis in Energieeinheiten:

Bauholz	1
Zement	4
Kunststoff	6
Stahl	24
Aluminium	126

Anders ausgedrückt: Zur Fertigung eines Holzpfostens benötigt man nur ein Vierundzwanzigstel der Energie, die zur Herstellung einer Stahlprofilsäule erforderlich ist – bei gleicher Tragkraft und viel längerer Lebensdauer des Holzes, wenn nach den Mondregeln geerntet und verarbeitet wird.

Suchen Sie einfach so lange, bis Sie es mit Holzhandelsfirmen oder Sägewerken zu tun bekommen, die wissen, wovon Sie reden. Sie sind in der Mehrzahl, auch wenn viele es auf Anhieb nicht zugeben wollen. Vielleicht wird man versuchen, Ihren Wunsch zu ignorieren und Sie mit dem Satz »Holz ist Holz« abzuspeisen. Lächerlich! Was halten Sie von einem Gemüsehändler, der Ihnen den Kommentar »Gemüse ist Gemüse« an den Kopf wirft, während er Ihnen statt der gewünschten Tomaten aus heimischem, biologischem Anbau bestrahlte, leblose, gespritzte Paprika aus dem Ausland in die Tüte steckt? Entschuldigungen oder Ausreden sollten Sie nicht akzeptieren. Der Beitrag, den die Wiederentdeckung und Befolgung der alten Regeln der Waldpflege und des Holzschlagens zum »Unternehmen Gesundes Wohnen« leisten könnte, ist gewaltig. Bleiben Sie am Ball. Der Kunde hat die Kraft. Er ist der König!

Wer wie so viele unserer Leser heute Vertrauen zum alten Wissen um die Natur- und Mondrhythmen gefasst hat und wer Handwerker mit heiklen Arbeiten beauftragen musste, deren Erfolg vom richtigen Zeitpunkt abhängt, den bewegte zu irgendeinem Zeitpunkt die Frage: Wie bringe ich einen Handwerker, eine Baufirma oder einen Polier dazu, auf meine Terminvorstellungen für das jeweilige Vorhaben einzugehen?

Abgesehen davon, dass dieses Buch seine Entstehung dem Versuch verdankt, genau auf diese Frage eine klare und ausreichende Antwort zu geben: Wir möchten Sie bitten, eine Tatsache nicht aus den Augen zu verlieren, nämlich dass sich Naturgesetze nicht ändern, nur weil wir sie ignorieren oder weil wir es »bequem« haben wollen oder weil es der Industrie so angenehm ist oder weil sich die Schulmedizin mit ihnen nicht befreunden kann, oder, oder …

Naturgesetze ändern sich nicht. Warum dann nicht sie nützen, sich mit ihnen in Einklang bringen? Bei abnehmendem Mond handeln, bei zunehmendem Mond ruhen. Was könnte einfacher sein?

Sie sind der Kunde, Sie sind der Boss, Ihre Gesundheit und Ihr Geldbeutel stehen auf dem Spiel. Wappnen Sie sich mit Geduld und Nachsicht bei der Suche nach Mitstreitern, nach Ärzten, nach Firmen, die in den Mondrhythmen ein wertvolles Wissen, eine Bereicherung ihres Lebens sehen. Akzeptieren Sie niemals Aussagen wie »Unmöglich! Das geht nicht«. Suchen Sie einfach weiter.

Seit Jahrtausenden sind die Kräfte der Mondrhythmen ein bewährtes Mittel, das heute wieder all denen zur Verfügung steht, die es annehmen wollen. Es werden täglich mehr.

Zum guten Schluss

Neues aus der Paungger/Poppe-Werkstatt

Wenn Sie dieses Buch in Händen halten, dann gibt es uns schon über ein Jahrzehnt! Im Herbst 1991 erschien unser erstes Buch *Vom richtigen Zeitpunkt* – das Buch, das der Wiederentdeckung des Wissens um die Mondrhythmen den Weg ebnete, bis heute in den Bestsellerlisten zu finden ist und in 22 Sprachen übersetzt wurde.

Ein herzlicher Dank an Sie, liebe Leserinnen und Leser!

Das beste Buch nützt nämlich nichts, wenn es niemand liest. Wir gaben und geben zwar unser Bestes, aber wenn unsere Arbeit bei Ihnen kein Gehör findet und auf fruchtbaren Boden fällt, dann gibt's kein Jubiläum und keine Feier. Und deshalb unser Versprechen, auch in Zukunft für Sie da zu sein mit dem, was wir am besten können: aufrichtige Information über in Vergessenheit geratene Zusammenhänge.

Neues vom Mondversand

Das große positive Echo, das unser kleiner Versand mit Produkten »vom richtigen Zeitpunkt« gefunden hat, ermutigt uns tagtäglich. Noch schreiben wir keine schwarzen Zahlen, aber es geht langsam aufwärts. Nach wie vor können wir die einzige *Pflege-Kosmetikserie* der Welt anbieten, die frisch nach

Bestellung zum richtigen Zeitpunkt vorbereitet wird – ohne Lagerhaltung.

Körperpflege hat nichts mit Zuspachteln, Verdecken und Verbergen zu tun, das wissen Sie nun. Wir sollten der Haut mit natürlichen Produkten helfen, weil wir uns sonst der Allergien bald nicht mehr erwehren können. Chemisch-künstliche Produkte sind nicht der Teufel, den wir an die Wand malen, wir bekämpfen sie nicht, aber derjenige, der unter ihnen leidet, muss sich für andere Produkte entscheiden können.

Warum die vielen Allergien? Tomaten oder Schafwolle, Pollen oder Hausstaubmilben – sie sind nicht verantwortlich dafür. Sie entstehen durch Haltbarmachung sowie Hilfs- und Aromastoffe, generell durch die industrielle Behandlung der Produkte.

Eine Kosmetik herzustellen, die alle Funktionen der Haut unterstützt und sie nicht lahm legt, nicht ihre Aufgaben für kurze Zeit übernimmt und sie dann im Stich lässt – das war unser Traum. Man braucht ja nicht viel, die Haut soll schließlich nicht arbeitslos werden. Alles, was nicht gebraucht wird, verkümmert. Bei Mensch, Tier und Pflanze, bei Seele, Geist und Körper. Heute, nach vielen Jahren, nach genauesten Beobachtungen und mit dem Wissen von gesunder Konservierung, Farbenergie und der jahrtausendealten Pyramidenenergie, können wir uns dieser Kosmetik erfreuen.

Neben unseren Büchern und Kalendern, neben der Mond-Kosmetik und den Kräutern wollen wir Ihnen im Lauf der Zeit immer mehr gute Dinge aus dem Umfeld unserer Bücher anbieten – vom Magnetiten zur Wasserbelebung über wertvolles Kristallsalz bis hin zu basischen Bädern. Wie weit unsere Pläne gediehen sind, können Sie immer im jeweils aktuellen Katalog nachlesen.

Und wie steht's aktuell um den Versand? In erster Linie hat sich gezeigt, dass unser Umzug nach Deutschland – dort unter neuer Leitung – die richtige Entscheidung war. Es war zwar Herbst, aber in kürzester Zeit konnten wir überall ein Frühlingserwachen erleben. Von den Rückmeldungen unserer Partner in der Herstellung über den fröhlichen Pioniergeist im Versand bis zum allgemeinen Gefühl in den Telefonaten mit Kundinnen und Kunden – es herrschte und herrscht immer noch ein Aufblühen und Gedeihen. Wenn Sie unseren Katalog durchblättern, werden Sie überall die Zeichen dafür finden – beispielsweise auch in der Anzahl der vielen neuen guten Dinge, die wir für Sie entwickelt und entdeckt haben. Es geht vorwärts, die Richtung stimmt!

Warum gibt es den Mondversand eigentlich? Der ganze Mondversand zieht an einem Strick. Erstens wollen wir zeigen, dass unsere Vorfahren keine Narren waren in ihrer Achtsamkeit auf den Lauf des Mondes und auf die Gesetze, die den »richtigen Zeitpunkt« bestimmen. Die Zukunft zwingt uns, wieder auf natürliche, umweltschonende und damit menschenwürdige Methoden der Herstellung von Gebrauchsgegenständen zurückzugreifen. Wir tun es schon jetzt. Zweitens bemühen wir uns alle zusammen, Fairness walten zu lassen – faire Herstellung ohne Ausbeutung von Mensch und Natur, faires Miteinander im Handel. Wir fördern ehrliche Arbeit und altes Handwerk. Immer mehr Menschen sollen verstehen: Durch Spekulation verdientes Geld ist menschenunwürdig und im wahrsten Sinne umweltschädlich. Nur echtes Miteinander löst alle Probleme. Das Gegeneinander in der Welt dient bestimmten Interessen. Es sind niemals Ihre Interessen.

Eine kleine Auswahl unserer Neuheiten:

- **Johanniskraut-Öl:** Unser Öl stammt direkt aus einem Klostergarten, in dem die Arbeit nach den Mondrhythmen noch selbstverständlich ist.
- **Bio-Haar-Tonikum:** Nach unserer Erfahrung ist der Extrakt der Brennnesselwurzel das einzige natürliche, langfristig wirksame Haartonikum. Ein Freund produziert ein solches, nach alter Tiroler Tradition, in Handarbeit und unter strenger Beachtung der Regeln des richtigen Zeitpunkts, die dem Tonikum erst die eigentliche Wirkung verleihen. Wir schätzen uns glücklich, es Ihnen erstmals anbieten zu können.
- **Frauen-Kräuter-Tee:** Frauenmantel, Schafgarbe, Zinnkraut, Rosmarin, Walnussblätter – dieses Kräuterteam besitzt eine seit alters her bekannte, besondere Wirkung für die Gesunderhaltung speziell des weiblichen Körpers. Das gilt für jede dieser Pflanzen, aber umso kraftvoller im Team und im ausgeklügelten Mengenverhältnis, verarbeitet zum richtigen Zeitpunkt.
- Unsere vier **Original Paungger-Poppe »Mond-Kräutertees vom richtigen Zeitpunkt«** haben eine kleine Odyssee hinter sich, die jetzt zu Ende ist. Unser Verständnis und Gefühl für echte Qualität wollten wir auf Dauer gewahrt wissen und fanden den endlich idealen Partner da-

für. Verbunden mit der Anwendung unserer Gewebestraff- und Entschlackungsöle sind diese Tees ein wunderbar leichter Weg, Ihrem Idealgewicht entgegenzugehen oder es mühelos zu halten.

- Und was haben wir sonst noch Neues zu bieten? Vom Energie-Fußbalsam über Power-Ringe für die Fingerarbeit und Super-Salz aus Deutschland bis zu Kirschkernkissen »Vom richtigen Zeitpunkt« – es ist wirklich ein buntes Programm der Besonderheiten, die es in dieser Form nur bei uns gibt.

Sie sehen, bei uns ist immer viel los und viel Neues in der Auslage! Wenn Sie sich für unsere Arbeit, Kalender, Bücher und Produkte interessieren und stets auf dem Laufenden bleiben wollen, schreiben Sie uns und fordern Sie kostenlos unseren kleinen Versand-Prospekt an:

Mondversand
Hauptstr. 34
D-83730 Fischbachau
Tel.: 0049 8023 819620
Fax: 0049 8023 8199866
E-Mail: mondversand@t-online.de
www.paungger-poppe.com

Die »Mondwoche« – unser Gesundheitsseminar

Die **Gesundheitswochen** unter unserer persönlichen Leitung finden immer mehr Anklang. Drei paradiesisch schöne und friedliche Orte stehen Ihnen inzwischen zur Auswahl.

Viele Leser und Freunde haben schon die Möglichkeit genutzt, sich dort eine Woche lang gesund ernähren und gesund bewegen zu können. Es erwartet Sie ein individuell zugeschnittenes Programm, wo Sie Körper und Seele besser kennen lernen – ohne Zwang, ohne allzu straff durchorganisierten Zeitrahmen mit viel Zeit für Muße. Umgeben von Menschen, die Freunde der Menschen sind.

Zu verschiedenen Zeiten im Jahreslauf können Sie fünf Tage lang ein buntes Programm erleben, in dessen Mittelpunkt Ihre Gesundheit und entspanntes Lernen und Erfahren stehen. Gekocht wird »vegan«, d. h. vegetarisch und zusätzlich ohne tierisches Eiweiß – eine wahre Erholung für Stoffwechsel und Kreislauf, wie Sie am schwebeleichten Wohlgefühl, das sich schon nach kurzer Zeit einstellt, erkennen können. Die unerwartet köstliche Vielfalt dieser Küche hat uns so überzeugt, dass wir auch zu Hause so oft es geht vegan kochen.

Und das können Sie erwarten: Von Einführung in die Kunst des Richtigen Zeitpunkts über Ernährungsberatung/Alpha/Omega-Typenberatung, Kräuterwanderungen und Kräutervorträge, Yoga-Übungen mit Tiefenentspannung, Metamorphose-Behandlung bis zur Einzelberatung bei Johanna Paungger-Poppe zu einem Thema nach freier Wahl.

Wohlbefinden und Lebensfreude erleben Sie nicht nur in dieser einen Woche: Unser Ziel ist es, dass Sie vieles mit nach Hause nehmen und zur Grundlage einer gesünderen Lebensführung machen können. Eine unvergessliche Zeit, wie die bisherigen Teilnehmer bezeugen können.

Insgesamt eine wunderbare Möglichkeit, das Mondwissen intensiv kennen zu lernen und alle nur denkbaren Fragen beantwortet zu finden – in Gesprächen und Vorträgen, auf Kräuterwanderungen und bei vielen anderen Gelegenheiten. Vielleicht finden Sie, Ihre Familienmitglieder und Freunde einmal Zeit für eine dieser Wochen. Wir würden uns freuen, Sie persönlich kennen zu lernen.

Wenn Sie interessiert sind, erhalten Sie alle aktuellen Informationen auf unserer Homepage, oder schreiben Sie uns.

Der Mond im Internet

Paungger & Poppe hat inzwischen auch seine Zelte im Internet aufgeschlagen: **www.paungger-poppe.com** – so lautet unsere Adresse. Hier finden sie unsere schöne Homepage (ein Dank den Programmiererinnen!), erhalten Infos zu allen möglichen Dingen, Leseproben, Vortragstermine, können auch unsere Bücher, Kalender und Produkte direkt bestellen und Alpha/Omega-Fragebogen und Gesundheitswochen-Infos direkt herunterladen.

Alpha/Omega und Biorhythmus – noch ein Leserservice

Noch ein weiterer »Dienst am Leser« findet inzwischen regen Zuspruch: Anhand eines von uns ausgearbeiteten *Fragebogens*, den wir Ihnen kostenlos zuschicken, können wir für Sie ermitteln, welcher Ernährungstyp Sie sind. Ausführlich haben wir die Alpha/Omega-Ernährungstypen in unserem Buch *Alles erlaubt!* vorgestellt. Wie wertvoll die Kenntnis der persönlichen Biorhythmen ist, haben wir ausführlich in unserem Buch *Aus eigener Kraft* dargestellt.

In diesem Zusammenhang möchten wir auch an dieser Stelle unseren erfolgreichen Service anbieten, Ihren persönlichen Biorhythmus mit integriertem Mondkalender auszurechnen. Sie erhalten ein handgemachtes DIN-A4-Heft, das sich übrigens auch als wertvolles und wirklich individuelles Geschenk eignet! Hier die Einzelheiten:

Alpha oder Omega?
Wir helfen, Ihren Ernährungstyp zu finden!

Fordern Sie den Alpha/Omega-Fragebogen an, und schicken Sie ihn bitte ausgefüllt an uns zurück. Sie erhalten dann eine persönliche, individuelle Auswertung und eine genau Beschreibung Ihres Ernährungstyps.

Euro 14,95 incl. Versand

Ihr persönlicher Biorhythmus

Postkarte oder E-Mail mit der Angabe Ihres Geburtsdatums und der gewünschten Anzahl an Jahren genügt! Wir schicken Ihnen Ihren persönlichen Biorhythmus (mit integriertem Mondkalender!) beginnend mit dem Bestellmonat.

1 Jahr ab Bestelldatum – Euro 24,90 incl. Versand

Kombiangebot:
1 Jahr Biorhythmus + Alpha/Omega-Auswertung

Alpha/Omega-Fragebogen anfordern und entsprechende Bestellmöglichkeit ankreuzen.

Euro 35,95 incl. Versand

Den Fragebogen für den Ernährungstyp können Sie auch aus dem Internet bekommen:

www.paunggger-poppe.com (unter »Mondshop«).

Für Gruppen und Familien gibt's Ermäßigung!

Schreiben Sie uns direkt:

Johanna Paungger-Poppe & Thomas Poppe
Postfach 107
A-3400 Klosterneuburg/Österreich
www.paungger-poppe.com
E-Mail: Tpoppe@compuserve.com

Paungger & Poppe – was bisher geschah ...

Umweltschutz, Heilkunde, naturgemäßer Hausbau, giftfreier Betrieb von Gartenbau und Landwirtschaft und viele weitere Tätigkeitsfelder waren früher ohne das Wissen um die Mond- und Naturrhythmen gar nicht denkbar. Sich an dieses Wissen zu erinnern, gehört zu den wichtigsten Aufgaben von morgen. Unsere Bücher, Kalender und Produkte sind unsere Art und Weise, diese Aufgabe zu erfüllen.

- **Der lebendige Garten** (Mosaik bei Goldmann). Gärtner, Landwirte und vor allem auch die vielen unermüdliche Balkonbauern erfahren darin, welch segensreiche Wirkungen von der Wahl des richtigen Zeitpunkts ausgehen. Sie erleben, dass es tatsächlich möglich ist, auf Pestizide,

Düngemittel und die Verschwendung von Trinkwasser völlig zu verzichten, bei gleichem oder höherem Ertrag und viel höherer Qualität der Erntefrüchte und Kräuter. Ob Zimmer oder Balkon, ob Garten oder Feld – mit *Der lebendige Garten* zeigen wir dem Leser auch, wie lebenswichtig für uns alle es ist, eine neue Beziehung zur Erde aufzunehmen, geprägt von Weisheit und Vernunft, von Liebe zu allem Lebendigen. Und vor allem, welche Freude damit verbunden ist.

- **Alles erlaubt!** *Zum richtigen Zeitpunkt. Ernährung und Körperpflege in Harmonie mit Mond- und Naturrhythmen* (Mosaik bei Goldmann). Das Buch gibt diesen wichtigen Bereichen unseres Alltags ein neues Fundament – jenseits des Diktats der Diätregeln und Kalorientabellen.
- **Aus eigener Kraft** – *Gesundheit und Gesundwerden in Harmonie mit Natur- und Mondrhythmen* (Mosaik bei Goldmann). Das Werk befasst sich ausführlich mit dem Zusammenhang zwischen Mondphasen und Mondstand im Tierkreis und Wirkung und Erfolg vorbeugender und heilender Maßnahmen für Körper, Geist und Seele.
- **Der Mond im Haus** – *Renovieren, Hausbau, Holzverarbeitung zum richtigen Zeitpunkt* (Mosaik bei Goldmann). Das Buch kommt dem Leser mit jahrtausendealtem Wissen zu Hilfe, um Chemiegifte und Konservierungsmittel entbehrlich zu machen und zahlreichen Krankheiten den Boden zu entziehen.
- **Das Mondlexikon vom richtigen Zeitpunkt** (Mosaik bei Goldmann). Das Handbuch für das Leben mit dem »richtigen Zeitpunkt«. Sie finden darin alle Tätigkeiten des All-

tags, soweit ihr Erfolg vom »richtigen Zeitpunkt« profitieren kann – aus Heilkunde, Garten, Land- und Forstwirtschaft, aus Haushalt, Renovieren und Hausbau. Von A wie Abbeizen über D wie Düngen und F wie Fensterputzen bis Z wie Zahnarztbesuch.

- **Vom richtigen Zeitpunkt** (Irisiana-Verlag). Unser Klassiker, mit dem alles anfing. Das Grundlagenwerk über den Mondeinfluss in Gesundheit, Gartenbau, Kräuterkunde, Haushalt und Alltag.

Ein rundes Mond-Kalenderprogramm

Damit Sie sich immer auf Information aus erster Hand verlassen können, bieten wir neben unseren Büchern ein vielfältiges Mondkalenderprogramm an. Die Frage, warum sich andere Mondkalender von unserem unterscheiden, beantworten wir ausführlich im *Mondlexikon*. Hier nur so viel: Nur wo Paungger-Poppe draufsteht, ist auch Paungger-Poppe drin.

- Das bewährte **Mondjahr als Taschenkalender** in zwei verschiedenen Ausführungen: Schwarz-Weiß und in Farbe. Der Erfolg der farbigen Jubiläumsausgabe 2000 hat uns dazu angeregt, sie Ihnen auch in Zukunft anzubieten.
- Der **Foto-Wandkalender**. 12 wunderschöne Landschaftsfotos mit Mond verwandeln diesen Monatskalender in eine Zierde für Heim und Büro. Mit sämtlichen Symbolen und Texten, die auch im Taschenkalender zu finden sind. Viel Mondwissen auf einen Blick im Format 28 x 32 cm.
- Die **Jahresübersichten 2004–2014**. 10 Jahre Mondkalender im DIN-A4-Format, eine Loseblattsammlung, wie sie

auch unseren ersten beiden Büchern beiliegt. Das unentbehrliche Werkzeug in seiner einfachsten Form. Zum sehr günstigen Preis, speziell für diejenigen, deren Buch-Kalender abgelaufen sind.

- Der **Wochenplaner** für den Schreibtisch mit allen Symbolen und Texten, die auch *Das Mondjahr* enthält. Zum Aufstellen für den Schreibtisch im Format 32 x 11 cm.
- Der **Plakatkalender** für den großen Überblick: Mit Angabe aller Symbole des Taschenkalenders und genug Platz für Notizen, im Jumbo-Format 61 x 88 cm.
- Der **persönliche Time-Planer:** Ein Päckchen mit Einlegeblättern für Ihren Zeitplaner. Mit allen Symbolen, die auch im Taschenkalender enthalten sind. 106 Seiten, pro Doppelseite eine Woche, Format 95 x 171 mm, 6-fach Lochung, 6 mm im Abstand 19/19/51/19/19 mm.
- Der **Original Paungger & Poppe Abreißkalender** für jeden Tag. Mit vielen Mini-Geschichten, die das Wirken der Mondrhythmen leicht verständlich nahe bringen, mit zeitlosen Weisheiten und natürlich mit den Grundregeln des Mondwissens. Er enthält auch sämtliche Symbole, die im Taschenkalender zu finden sind. Format 13 x 11,5 cm.
- Und schließlich: ein neuer Kalender – das **Mond-Jahrbuch 2005.** Auf vielfachen Leserwunsch haben wir den beliebten Abreißkalender zusammengefasst und bieten Ihnen die Texte als handliches Taschenbuch an. Viele Leser haben sich so sehr über die bunte Vielfalt von Tipps, Merksprüchen usw. gefreut, dass sie sich wünschten, sie ständig zur Verfügung zu haben, um immer wieder nachschlagen zu können – die ideale Lektüre fürs Nachtkästchen.

Oft werden wir gefragt, warum unsere Kalender nicht Angaben zum richtigen Zeitpunkt z. B. von Geschäftsabschlüssen, Verhandlungen, Liebe usw. enthalten. Die Antwort ist einfach: Nichts von dem, was in anderen Kalendern *zusätzlich* enthalten ist, wird in irgendeiner Weise vom Mond beeinflusst. Im Laufe der Geschichte ist das Mondwissen immer wieder auch deshalb in Vergessenheit geraten, weil Dummheit und Geschäftsinteresse dagegen gearbeitet haben. Das ist heute nicht anders. Glücklicherweise leben wir in Zeiten mit relativ großer Freiheit, der eigenen Erfahrung zu vertrauen und nach ihr zu handeln. Nützen wir sie.

Nebenbei bemerkt: Der Abreiß-Mondkalender mit dem Titel *Der richtige Zeitpunkt* stammt nicht aus unserer Feder. Der Verlag unseres Buches *Vom richtigen Zeitpunkt* hat nur dasselbe Titelbild verwendet, um den Eindruck zu erwecken, er habe etwas damit zu tun. Bilden Sie sich über ein solches Handeln Ihr eigenes Urteil.

Wenn Sie sich für unsere Kalender, Bücher und Produkte interessieren und über unsere Arbeit auf dem Laufenden bleiben wollen, schreiben Sie uns, und fordern Sie kostenlos unseren Versand-Prospekt an. Bitte haben Sie Verständnis, wenn wir nicht alle privaten Anfragen beantworten können. Bis heute können wir diese Arbeit nur persönlich erledigen.

PAUNGGER & POPPE – Aus eigener Kraft®

Johanna Paungger-Poppe & Thomas Poppe
Postfach 107
A-3400 Klosterneuburg/Österreich
E-Mail: Tpoppe@compuserve.com
www.paungger-poppe.com

Ein Dank an unsere Leser

Zum guten Schluss einige Worte an diejenigen Leser, die uns im Laufe der Zeit geschrieben und bis jetzt keine Antwort erhalten haben. Tausende von Briefen und E-Mails aus aller Welt haben uns erreicht und es ist niemand da, der uns diese Arbeit des Antwortens zuverlässig abnehmen könnte. Auf diesem Wege wollen wir wenigstens den allergrößten Teil der Briefe direkt beantworten, denn bestimmte Fragen tauchen immer wieder auf, und wir wissen, dass die Antwort fast jeden unserer Leser interessiert.

Viele Anfragen können wir nicht beantworten, weil wir schlicht und einfach die Antwort nicht kennen! Wir schreiben nur aus persönlicher Erfahrung, und die hat ihre Grenzen. Das gilt besonders für körperliche und seelische Störungen. Wir sind keine Ärzte, und aus der Ferne zu beurteilen, was im Einzelfall hilft oder schadet, dürfen und wollen wir uns nicht anmaßen.

Bei vielen Zuschriften geht es um Probleme, zu deren Lösung man unsere persönliche Hilfe wünscht. Fast immer jedoch steht die Lösung des Problems schon vor der Tür! Sie wird nur deshalb oft nicht eingelassen, weil man sich bei der Suche nach ihr schon in eine bestimmte Richtung verrannt hat und nun zu stolz, zu ängstlich oder zu bequem ist, einen neuen Weg zu gehen. Unsere ganze Arbeit jetzt und in Zukunft richtet sich darauf, den Mut zur eigenen Entscheidung und Verantwortung zu wecken. Den Mut, Problemen wirklich auf den Grund zu gehen, sie von allen Seiten zu betrachten und die Dinge zu Ende zu denken. Kein anderer Mensch, kein »Experte« wird Ihnen jemals diese Aufgabe abnehmen können – auch wir nicht. Wenn unsere Arbeit den Mut dazu geweckt hat, dann freuen wir uns mit Ihnen von ganzem Herzen.

Häufig werden wir um Angabe der Adressen von guten Rutengehern gebeten oder von Heilberuflern, die nach Mond- und Naturrhythmen heilen. Zwar werden es täglich mehr, doch alle, die wir kennen, sind inzwischen hoffnungslos überlastet, weil sie so erfolgreich arbeiten. Es ist so einfach: Wenn der Arzt Ihrer Wahl nicht auf Ihre Wünsche eingeht, suchen Sie sich einen anderen. Ein wirklich guter Arzt wird immer alles tun, damit Sie gesund werden und es auch bleiben. Wer dagegen ausschließlich nach anstudiertem Wissen und nach Schablonen arbeitet, ist entweder nur am Geldverdienen interessiert oder er ignoriert seine eigene Erfahrung: nämlich, dass Statistiken und auswendig gelernte Schablonen niemals den Einzelfall erfassen. Haben Sie den Mut, mit Ihrem Arzt von Mensch zu Mensch zu sprechen. Umso schneller finden Sie heraus, aus welchem Holz er geschnitzt und ob er ein wahrer Freund der Menschen ist.

Sie suchen Mond-Holz? Gemeinsam mit einem Massivholz-Schreiner haben wir in Eigenregie ein kleines Holzlager ins Leben gerufen, das ausschließlich aus zum richtigen Zeitpunkt und im Winter geschlagenem Holz besteht, direkt geliefert von einem kleinen Ring deutscher und österreichischer Waldbauern und gut sortiert. Wenn Sie Holz brauchen, für welchen Zweck auch immer, und *zuverlässig* nach den Mondregeln geerntet, dann finden Sie meist dort, was Sie suchen. Vergessen Sie jedoch nicht, dass die alten Holzregeln nur Gültigkeit haben, wenn das Holz natürlich trocknet. Das kann ein bis zwei Jahre dauern. Haben Sie also Geduld. Schreiben Sie uns, wir stellen gerne den Kontakt her. Kennen Sie weitere Sägewerke oder Holzhändler, die gerne in unserem Sinne arbeiten möchten? Schreiben Sie uns!

Und nun viel Freude mit diesem Buch und dem Abenteuer, das auf Sie wartet, wenn Sie sich mit dem alten Wissen um die Mondregeln anfreunden!

Mondkalender
von 2008 bis 2011

Die Jahresübersichten 2008–2018
(d. h. separate Kalenderblätter)
sind im Buchhandel erhältlich.
ISBN 3-442-30681-7

Januar			Februar			März		
D 1	♎	1	F 1	♐		S 1	♐	
M 2	♎		S 2	♐		S 2	♑	
D 3	♏		S 3	♐		M 3	♑	10
F 4	♏		M 4	♑	6	D 4	♑	
S 5	♐		D 5	♑		M 5	♒	
S 6	♐		M 6	♒		D 6	♒	
M 7	♐	2	D 7	♒ ● 04.41		F 7	♓ ● 18.10	
D 8	♑ ● 12.34		F 8	♒		S 8	♓	
M 9	♑		S 9	♓		S 9	♈	
D 10	♒		S 10	♓		M 10	♈	11
F 11	♒		M 11	♈	7	D 11	♉	
S 12	♓		D 12	♈		M 12	♉	
S 13	♓		M 13	♉		D 13	♊	
M 14	♓	3	D 14	♉ ☽		F 14	♊ ☽	
D 15	♈ ☽		F 15	♊		S 15	♋	
M 16	♈		S 16	♊		S 16	♋	
D 17	♉		S 17	♋		M 17	♋	12
F 18	♉		M 18	♋	8	D 18	♌	
S 19	♊		D 19	♌		M 19	♌	
S 20	♊		M 20	♌		D 20	♍	
M 21	♋	4	D 21	♌ ○ 04.31		F 21	♍ ○ 19.41 Karfreitag	
D 22	♋ ○ 14.38		F 22	♍		S 22	♎	
M 23	♌		S 23	♍		S 23	♎	
D 24	♌		S 24	♎		M 24	♎ Ostermontag	13
F 25	♍		M 25	♎	9	D 25	♏	
S 26	♍		D 26	♏		M 26	♏	
S 27	♎		M 27	♏		D 27	♐	
M 28	♎	5	D 28	♏		F 28	♐	
D 29	♎		F 29	♐ ☾		S 29	♐ ☾	
M 30	♏ ☾					S 30	♑	
D 31	♏					M 31	♑	14

2008

♈ Widder ♉ Stier ♊ Zwillinge ♋ Krebs ♌ Löwe ♍ Jungfrau ♎ Waage ♏ Skorpion

April		Mai		Juni	
D 1 ♒		D 1 ♓		S 1 ♉	
M 2 ♒		F 2 ♓		M 2 ♉	23
D 3 ♓		S 3 ♈		D 3 ♊ ● 20.22	
F 4 ♓		S 4 ♈		M 4 ♊	
S 5 ♓		M 5 ♉ ● 13.18	19	D 5 ♋	
S 6 ♈ ● 04.53		D 6 ♉		F 6 ♋	
M 7 ♈	15	M 7 ♊		S 7 ♌	
D 8 ♉		D 8 ♊		S 8 ♌	
M 9 ♉		F 9 ♋		M 9 ♌	24
D 10 ♊		S 10 ♋		D 10 ♍ ☽	
F 11 ♊		S 11 ♌		M 11 ♍	
S 12 ♋ ☽		M 12 ♌ ☽ Pfingstmontag	20	D 12 ♎	
S 13 ♋		D 13 ♍		F 13 ♎	
M 14 ♌	16	M 14 ♍		S 14 ♏	
D 15 ♌		D 15 ♍		S 15 ♏	
M 16 ♍		F 16 ♎		M 16 ♏	25
D 17 ♍		S 17 ♎		D 17 ♐	
F 18 ♎		S 18 ♏		M 18 ♐ ○ 18.30	
S 19 ♎		M 19 ♏	21	D 19 ♑	
S 20 ♎ ○ 11.27		D 20 ♏ ○ 03.09		F 20 ♑	
M 21 ♏	17	M 21 ♐		S 21 ♑	
D 22 ♏		D 22 ♐		S 22 ♒	
M 23 ♐		F 23 ♑		M 23 ♒	26
D 24 ♐		S 24 ♑		D 24 ♓	
F 25 ♐		S 25 ♑		M 25 ♓	
S 26 ♑		M 26 ♒	22	D 26 ♓ ☾	
S 27 ♑		D 27 ♒		F 27 ♈	
M 28 ♒ ☾	18	M 28 ♓ ☾		S 28 ♈	
D 29 ♒		D 29 ♓		S 29 ♉	
M 30 ♒		F 30 ♈		M 30 ♉	27
		S 31 ♈			

♐ Schütze ♒ Wassermann ☽ zun. Mond ☾ abn. Mond Sommerzeiten nicht berücksichtigt

♑ Steinbock ♓ Fische ○ Vollmond ● Neumond

Juli	August	September
D 1 ♊	F 1 ♌ ● 11.15 Schweizer Nationalfeiertag	M 1 ♍ 36
M 2 ♊	S 2 ♌	D 2 ♎
D 3 ♋ ● 03.19	S 3 ♍	M 3 ♎
F 4 ♋	M 4 ♍ 32	D 4 ♏
S 5 ♌	D 5 ♍	F 5 ♏
S 6 ♌	M 6 ♎	S 6 ♏
M 7 ♍ 28	D 7 ♎	S 7 ♐ ☽
D 8 ♍	F 8 ♏ ☽	M 8 ♐ 37
M 9 ♎	S 9 ♏	D 9 ♑
D 10 ♎ ☽	S 10 ♐	M 10 ♑
F 11 ♎	M 11 ♐ 33	D 11 ♑
S 12 ♏	D 12 ♐	F 12 ♒
S 13 ♏	M 13 ♑	S 13 ♒
M 14 ♐ 29	D 14 ♑	S 14 ♓
D 15 ♐	F 15 ♒	M 15 ♓ ○ 10.09 38
M 16 ♐	S 16 ♒ ○ 22.15	D 16 ♈
D 17 ♑	S 17 ♒	M 17 ♈
F 18 ♑ ○ 08.56	M 18 ♓ 34	D 18 ♈
S 19 ♒	D 19 ♓	F 19 ♉
S 20 ♒	M 20 ♈	S 20 ♉
M 21 ♒ 30	D 21 ♈	S 21 ♊
D 22 ♓	F 22 ♉	M 22 ♊ ☾ 39
M 23 ♓	S 23 ♉	D 23 ♋
D 24 ♈	S 24 ♊ ☾	M 24 ♋
F 25 ♈ ☾	M 25 ♊ 35	D 25 ♌
S 26 ♉	D 26 ♊	F 26 ♌
S 27 ♉	M 27 ♋	S 27 ♍
M 28 ♊ 31	D 28 ♋	S 28 ♍
D 29 ♊	F 29 ♌	M 29 ♎ ● 09.15 40
M 30 ♋	S 30 ♌ ● 20.59	D 30 ♎
D 31 ♋	S 31 ♍	

2008

♈ Widder ♉ Stier ♊ Zwillinge ♋ Krebs ♌ Löwe ♍ Jungfrau ♎ Waage ♏ Skorpion

Oktober	November	Dezember
M 1 ♎	S 1 ♐	M 1 ♑ 49
D 2 ♏	S 2 ♐	D 2 ♑
F 3 ♏ Tag der Dt. Einheit	M 3 ♑ 45	M 3 ♒
S 4 ♐	D 4 ♑	D 4 ♒
S 5 ♐	M 5 ♑	F 5 ♓ ☽
M 6 ♐ 41	D 6 ♒ ☽	S 6 ♓
D 7 ♑ ☽	F 7 ♒	S 7 ♓
M 8 ♑	S 8 ♓	M 8 ♈ 50
D 9 ♒	S 9 ♓	D 9 ♈
F 10 ♒	M 10 ♈ 46	M 10 ♉
S 11 ♒	D 11 ♈	D 11 ♉
S 12 ♓	M 12 ♉	F 12 ♊ ○ 17.38
M 13 ♓ 42	D 13 ♉ ○ 07.16	S 13 ♊
D 14 ♈ ○ 20.59	F 14 ♊	S 14 ♋
M 15 ♈	S 15 ♊	M 15 ♋ 51
D 16 ♉	S 16 ♋	D 16 ♌
F 17 ♉	M 17 ♋ 47	M 17 ♌
S 18 ♊	D 18 ♌	D 18 ♍
S 19 ♊	M 19 ♌ ☾	F 19 ♍ ☾
M 20 ♋ 43	D 20 ♌	S 20 ♎
D 21 ♋ ☾	F 21 ♍	S 21 ♎
M 22 ♌	S 22 ♍	M 22 ♏ 52
D 23 ♌	S 23 ♎	D 23 ♏
F 24 ♍	M 24 ♎ 48	M 24 ♏
S 25 ♍	D 25 ♏	D 25 ♐ 1. Weihnachtsfeiertag
S 26 ♍ Österr. Nationalfeiertag	M 26 ♏	F 26 ♐
M 27 ♎ 44	D 27 ♏ ● 17.55	S 27 ♑ ● 13.22
D 28 ♎	F 28 ♐	S 28 ♑
M 29 ♏ ● 00.13	S 29 ♐	M 29 ♑ 53
D 30 ♏	S 30 ♑	D 30 ♒
F 31 ♐		M 31 ♒

♐ Schütze ♑ Steinbock ♒ Wassermann ♓ Fische ☽ zun. Mond ○ Vollmond ☾ abn. Mond ● Neumond

Sommerzeiten nicht berücksichtigt

Januar	Februar	März
D 1 ♒	S 1 ♈	S 1 ♈
F 2 ♓	M 2 ♉ 5	M 2 ♉ 9
S 3 ♓	D 3 ♉ ☽	D 3 ♉
S 4 ♈ ☽	M 4 ♉	M 4 ♊ ☽
M 5 ♈ 1	D 5 ♊	D 5 ♊
D 6 ♉	F 6 ♊	F 6 ♋
M 7 ♉	S 7 ♋	S 7 ♋
D 8 ♊	S 8 ♋	S 8 ♌
F 9 ♊	M 9 ♌ ○ 15.52 6	M 9 ♌ 10
S 10 ♋	D 10 ♌	D 10 ♍
S 11 ♋ ○ 04.26	M 11 ♍	M 11 ♍ ○ 03.38
M 12 ♌ 2	D 12 ♍	D 12 ♎
D 13 ♌	F 13 ♎	F 13 ♎
M 14 ♍	S 14 ♎	S 14 ♎
D 15 ♍	S 15 ♏	S 15 ♏
F 16 ♎	M 16 ♏ ☾ 7	M 16 ♏ 11
S 17 ♎	D 17 ♏	D 17 ♐
S 18 ♎ ☾	M 18 ♐	M 18 ♐ ☾
M 19 ♏ 3	D 19 ♐	D 19 ♑
D 20 ♏	F 20 ♑	F 20 ♑
M 21 ♐	S 21 ♑	S 21 ♑
D 22 ♐	S 22 ♑	S 22 ♒
F 23 ♐	M 23 ♒ 8	M 23 ♒ 12
S 24 ♑	D 24 ♒	D 24 ♓
S 25 ♑	M 25 ♓ ● 02.34	M 25 ♓
M 26 ♒ ● 08.53 4	D 26 ♓	D 26 ♓ ● 17.01
D 27 ♒	F 27 ♈	F 27 ♈
M 28 ♒	S 28 ♈	S 28 ♈
D 29 ♓		S 29 ♉
F 30 ♓		M 30 ♉ 13
S 31 ♈		D 31 ♊

2009

♈ Widder ♊ Zwillinge ♌ Löwe ♎ Waage
♉ Stier ♋ Krebs ♍ Jungfrau ♏ Skorpion

April				
M	1	♊		
D	2	♋	☽	
F	3	♋		
S	4	♌		
S	5	♌		
M	6	♍		14
D	7	♍		
M	8	♍		
D	9	♎	○ 15.59	
F	10	♎	Karfreitag	
S	11	♏		
S	12	♏		
M	13	♐	Ostermontag	15
D	14	♐		
M	15	♐		
D	16	♑		
F	17	♑	☾	
S	18	♒		
S	19	♒		
M	20	♒		16
D	21	♓		
M	22	♓		
D	23	♈		
F	24	♈		
S	25	♉	● 04.20	
S	26	♉		
M	27	♊		17
D	28	♊		
M	29	♋		
D	30	♋		

Mai				
F	1	♋	☽	
S	2	♌		
S	3	♌		
M	4	♍		18
D	5	♍		
M	6	♎		
D	7	♎		
F	8	♏		
S	9	♏	○ 05.03	
S	10	♏		
M	11	♐		19
D	12	♐		
M	13	♑		
D	14	♑		
F	15	♑		
S	16	♒		
S	17	♒	☾	
M	18	♓		20
D	19	♓		
M	20	♈		
D	21	♈		
F	22	♈		
S	23	♉		
S	24	♉	● 13.08	
M	25	♊		21
D	26	♊		
M	27	♋		
D	28	♋		
F	29	♌		
S	30	♌		
S	31	♍	☽	

Juni				
M	1	♍	Pfingstmontag	22
D	2	♎		
M	3	♎		
D	4	♏		
F	5	♏		
S	6	♏		
S	7	♐	○ 19.12	
M	8	♐		23
D	9	♑		
M	10	♑		
D	11	♑		
F	12	♒		
S	13	♒		
S	14	♓		
M	15	♓	☾	24
D	16	♓		
M	17	♈		
D	18	♈		
F	19	♉		
S	20	♉		
S	21	♊		
M	22	♊	● 20.35	25
D	23	♋		
M	24	♋		
D	25	♌		
F	26	♌		
S	27	♍		
S	28	♍		
M	29	♎	☽	26
D	30	♎		

♐ Schütze ♒ Wassermann ☽ zun. Mond ☾ abn. Mond Sommerzeiten nicht berücksichtigt
♑ Steinbock ♓ Fische ○ Vollmond ● Neumond

Juli			August			September		
M 1 ♎			S 1 ♐	Schweizer Nationalfeiertag		D 1 ♑		
D 2 ♏			S 2 ♐			M 2 ♒		
F 3 ♏			M 3 ♑		31	D 3 ♒		
S 4 ♐			D 4 ♑			F 4 ♓	○ 17.00	
S 5 ♐			M 5 ♒			S 5 ♓		
M 6 ♐		27	D 6 ♒	○ 01.54		S 6 ♓		
D 7 ♑	○ 10.21		F 7 ♒			M 7 ♈		36
M 8 ♑			S 8 ♓			D 8 ♈		
D 9 ♒			S 9 ♓			M 9 ♉		
F 10 ♒			M 10 ♈		32	D 10 ♉		
S 11 ♒			D 11 ♈			F 11 ♊		
S 12 ♓			M 12 ♈			S 12 ♊	☾	
M 13 ♓		28	D 13 ♉	☾		S 13 ♋		
D 14 ♈			F 14 ♉			M 14 ♋		37
M 15 ♈	☾		S 15 ♊			D 15 ♌		
D 16 ♉			S 16 ♊			M 16 ♌		
F 17 ♉			M 17 ♋		33	D 17 ♍		
S 18 ♉			D 18 ♋			F 18 ♍	● 19.46	
S 19 ♊			M 19 ♌			S 19 ♍		
M 20 ♊		29	D 20 ♌	● 11.01		S 20 ♎		
D 21 ♋			F 21 ♍			M 21 ♎		38
M 22 ♋	● 03.33		S 22 ♍			D 22 ♏		
D 23 ♌			S 23 ♎			M 23 ♏		
F 24 ♌			M 24 ♎		34	D 24 ♐		
S 25 ♍			D 25 ♏			F 25 ♐		
S 26 ♍			M 26 ♏			S 26 ♑	☽	
M 27 ♎		30	D 27 ♏	☽		S 27 ♑		
D 28 ♎	☽		F 28 ♐			M 28 ♑		39
M 29 ♏			S 29 ♐			D 29 ♒		
D 30 ♏			S 30 ♑			M 30 ♒		
F 31 ♐			M 31 ♑		35			

2009

♈ Widder ♉ Stier ♊ Zwillinge ♋ Krebs ♌ Löwe ♍ Jungfrau ♎ Waage ♏ Skorpion

Oktober	November	Dezember
D 1 ♓	S 1 ♈	D 1 ♉
F 2 ♓	M 2 ♈ ○ 20.11 44	M 2 ♊ ○ 08.28
S 3 ♓ Tag der Dt. Einheit	D 3 ♉	D 3 ♊
S 4 ♈ ○ 07.06	M 4 ♉	F 4 ♋
M 5 ♈ 40	D 5 ♊	S 5 ♋
D 6 ♉	F 6 ♊	S 6 ♌
M 7 ♉	S 7 ♋	M 7 ♌ 49
D 8 ♊	S 8 ♋	D 8 ♍
F 9 ♊	M 9 ♌ ☾ 45	M 9 ♍ ☾
S 10 ♊	D 10 ♌	D 10 ♎
S 11 ♋ ☾	M 11 ♍	F 11 ♎
M 12 ♋ 41	D 12 ♍	S 12 ♎
D 13 ♌	F 13 ♎	S 13 ♏
M 14 ♌	S 14 ♎	M 14 ♏ 50
D 15 ♍	S 15 ♏	D 15 ♐
F 16 ♍	M 16 ♏ ● 20.15 46	M 16 ♐ ● 13.04
S 17 ♎	D 17 ♏	D 17 ♑
S 18 ♎ ● 06.36	M 18 ♐	F 18 ♑
M 19 ♏ 42	D 19 ♐	S 19 ♑
D 20 ♏	F 20 ♑	S 20 ♒
M 21 ♐	S 21 ♑	M 21 ♒ 51
D 22 ♐	S 22 ♑	D 22 ♓
F 23 ♐	M 23 ♒ 47	M 23 ♓
S 24 ♑	D 24 ♒ ☽	D 24 ♓ ☽
S 25 ♑	M 25 ♓	F 25 ♈ 1. Weihnachtsfeiertag
M 26 ♒ ☽ Österr. Nationalfeiertag 43	D 26 ♓	S 26 ♈
D 27 ♒	F 27 ♓	S 27 ♉
M 28 ♒	S 28 ♈	M 28 ♉ 52
D 29 ♓	S 29 ♈	D 29 ♉
F 30 ♓	M 30 ♉ 48	M 30 ♊
S 31 ♈		D 31 ♊ ○ 20.10

♐ Schütze ♒ Wassermann ☽ zun. Mond ☾ abn. Mond Sommerzeiten nicht berücksichtigt
♑ Steinbock ♓ Fische ○ Vollmond ● Neumond

Januar				Februar				März			
F 1	Krebs			M 1	Jungfrau		5	M 1	Jungfrau		9
S 2	Krebs			D 2	Jungfrau			D 2	Jungfrau		
S 3	Löwe			M 3	Waage			M 3	Waage		
M 4	Löwe		1	D 4	Waage			D 4	Waage		
D 5	Jungfrau			F 5	Skorpion			F 5	Skorpion		
M 6	Jungfrau			S 6	Skorpion	☾		S 6	Skorpion		
D 7	Waage	☾		S 7	Skorpion			S 7	Schütze	☾	
F 8	Waage			M 8	Schütze		6	M 8	Schütze		10
S 9	Skorpion			D 9	Schütze			D 9	Steinbock		
S 10	Skorpion			M 10	Steinbock			M 10	Steinbock		
M 11	Schütze		2	D 11	Steinbock			D 11	Steinbock		
D 12	Schütze			F 12	Wassermann			F 12	Wassermann		
M 13	Schütze			S 13	Wassermann			S 13	Wassermann		
D 14	Steinbock			S 14	Wassermann	● 03.52		S 14	Fische		
F 15	Steinbock	● 08.11		M 15	Fische		7	M 15	Fische	● 22.00	11
S 16	Wassermann			D 16	Fische			D 16	Fische		
S 17	Wassermann			M 17	Fische			M 17	Widder		
M 18	Wassermann		3	D 18	Widder			D 18	Widder		
D 19	Fische			F 19	Widder			F 19	Stier		
M 20	Fische			S 20	Stier			S 20	Stier		
D 21	Widder			S 21	Stier			S 21	Stier		
F 22	Widder			M 22	Zwillinge	☽	8	M 22	Zwillinge		12
S 23	Widder	☽		D 23	Zwillinge			D 23	Zwillinge	☽	
S 24	Stier			M 24	Krebs			M 24	Krebs		
M 25	Stier		4	D 25	Krebs			D 25	Krebs		
D 26	Zwillinge			F 26	Krebs			F 26	Löwe		
M 27	Zwillinge			S 27	Löwe			S 27	Löwe		
D 28	Krebs			S 28	Löwe	○ 17.37		S 28	Jungfrau		
F 29	Krebs							M 29	Jungfrau		13
S 30	Löwe	○ 07.17						D 30	Waage	○ 03.26	
S 31	Löwe							M 31	Waage		

2010

Widder · Stier · Zwillinge · Krebs · Löwe · Jungfrau · Waage · Skorpion

April	Mai	Juni
D 1 ♏	S 1 ♐	D 1 ♑
F 2 ♏ Karfreitag	S 2 ♐	M 2 ♒
S 3 ♐	M 3 ♑ 18	D 3 ♒
S 4 ♐	D 4 ♑	F 4 ♓ ☾
M 5 ♐ Ostermontag 14	M 5 ♒	S 5 ♓
D 6 ♑ ☾	D 6 ♒ ☾	S 6 ♓
M 7 ♑	F 7 ♒	M 7 ♈ 23
D 8 ♒	S 8 ♓	D 8 ♈
F 9 ♒	S 9 ♓	M 9 ♉
S 10 ♒	M 10 ♈ 19	D 10 ♉
S 11 ♓	D 11 ♈	F 11 ♊
M 12 ♓ 15	M 12 ♈	S 12 ♊ ● 12.10
D 13 ♈	D 13 ♉	S 13 ♊
M 14 ♈ ● 13.25	F 14 ♉ ● 02.05	M 14 ♋ 24
D 15 ♉	S 15 ♊	D 15 ♋
F 16 ♉	S 16 ♊	M 16 ♌
S 17 ♉	M 17 ♋ 20	D 17 ♌
S 18 ♊	D 18 ♋	F 18 ♍
M 19 ♊ 16	M 19 ♌	S 19 ♍ ☽
D 20 ♋	D 20 ♌	S 20 ♎
M 21 ♋ ☽	F 21 ♍ ☽	M 21 ♎ 25
D 22 ♌	S 22 ♍	D 22 ♏
F 23 ♌	S 23 ♍	M 23 ♏
S 24 ♍	M 24 ♎ Pfingstmontag 21	D 24 ♐
S 25 ♍	D 25 ♎	F 25 ♐
M 26 ♎ 17	M 26 ♏	S 26 ♐ ○ 12.33
D 27 ♎	D 27 ♏	S 27 ♑
M 28 ♏ ○ 13.23	F 28 ♐ ○ 00.06	M 28 ♑ 26
D 29 ♏	S 29 ♐	D 29 ♒
F 30 ♏	S 30 ♑	M 30 ♒
	M 31 ♑ 22	

♐ Schütze ♒ Wassermann ☽ zun. Mond ☾ abn. Mond Sommerzeiten nicht berücksichtigt

♑ Steinbock ♓ Fische ○ Vollmond ● Neumond

Juli	KW	August	KW	September	KW
D 1 ♒		S 1 ♈ Schweizer Nationalfeiertag		M 1 ♉ ☾	
F 2 ♓		M 2 ♈	31	D 2 ♊	
S 3 ♓		D 3 ♉ ☾		F 3 ♊	
S 4 ♈ ☾		M 4 ♉		S 4 ♋	
M 5 ♈	27	D 5 ♊		S 5 ♋	
D 6 ♈		F 6 ♊		M 6 ♌	36
M 7 ♉		S 7 ♋		D 7 ♌	
D 8 ♉		S 8 ♋		M 8 ♍ ● 11.29	
F 9 ♊		M 9 ♌	32	D 9 ♍	
S 10 ♊		D 10 ♌ ● 04.05		F 10 ♎	
S 11 ♋ ● 20.38		M 11 ♍		S 11 ♎	
M 12 ♋	28	D 12 ♍		S 12 ♏	
D 13 ♌		F 13 ♎		M 13 ♏	37
M 14 ♌		S 14 ♎		D 14 ♐	
D 15 ♍		S 15 ♎		M 15 ♐ ☽	
F 16 ♍		M 16 ♏ ☽	33	D 16 ♑	
S 17 ♎		D 17 ♏		F 17 ♑	
S 18 ♎ ☽		M 18 ♐		S 18 ♑	
M 19 ♏	29	D 19 ♐		S 19 ♒	
D 20 ♏		F 20 ♑		M 20 ♒	38
M 21 ♐		S 21 ♑		D 21 ♓	
D 22 ♐		S 22 ♑		M 22 ♓	
F 23 ♐		M 23 ♒	34	D 23 ♓ ○ 10.15	
S 24 ♑		D 24 ♒ ○ 18.05		F 24 ♈	
S 25 ♑		M 25 ♓		S 25 ♈	
M 26 ♒ ○ 02.38	30	D 26 ♓		S 26 ♉	
D 27 ♒		F 27 ♓		M 27 ♉	39
M 28 ♒		S 28 ♈		D 28 ♉	
D 29 ♓		S 29 ♈		M 29 ♊	
F 30 ♓		M 30 ♉	35	D 30 ♊	
S 31 ♈		D 31 ♉			

2010

♈ Widder · ♉ Stier · ♊ Zwillinge · ♋ Krebs · ♌ Löwe · ♍ Jungfrau · ♎ Waage · ♏ Skorpion

Oktober	November	Dezember
F 1 ♋ ☾	M 1 ♌ **44**	M 1 ♎
S 2 ♋	D 2 ♍	D 2 ♎
S 3 ♌ Tag der Dt. Einheit	M 3 ♍	F 3 ♏
M 4 ♌ **40**	D 4 ♎	S 4 ♏
D 5 ♍	F 5 ♎	S 5 ♐ ● 18.39
M 6 ♍	S 6 ♏ ● 05.55	M 6 ♐ **49**
D 7 ♎ ● 19.44	S 7 ♏	D 7 ♑
F 8 ♎	M 8 ♐ **45**	M 8 ♑
S 9 ♏	D 9 ♐	D 9 ♑
S 10 ♏	M 10 ♑	F 10 ♒
M 11 ♐ **41**	D 11 ♑	S 11 ♒
D 12 ♐	F 12 ♒	S 12 ♓
M 13 ♐	S 13 ♒ ☽	M 13 ♓ ☽ **50**
D 14 ♑ ☽	S 14 ♒	D 14 ♓
F 15 ♑	M 15 ♓ **46**	M 15 ♈
S 16 ♒	D 16 ♓	D 16 ♈
S 17 ♒	M 17 ♈	F 17 ♉
M 18 ♒ **42**	D 18 ♈	S 18 ♉
D 19 ♓	F 19 ♈	S 19 ♉
M 20 ♓	S 20 ♉	M 20 ♊ **51**
D 21 ♈	S 21 ♉ ○ 18.24	D 21 ♊ ○ 09.09
F 22 ♈	M 22 ♊ **47**	M 22 ♋
S 23 ♈ ○ 02.36	D 23 ♊	D 23 ♋
S 24 ♉	M 24 ♊	F 24 ♌
M 25 ♉ **43**	D 25 ♋	S 25 ♌ 1. Weihnachtsfeiertag
D 26 ♊ Österr. Nationalfeiertag	F 26 ♋	S 26 ♍
M 27 ♊	S 27 ♌	M 27 ♍ **52**
D 28 ♋	S 28 ♌ ☾	D 28 ♎ ☾
F 29 ♋	M 29 ♍ **48**	M 29 ♎
S 30 ♋ ☾	D 30 ♍	D 30 ♏
S 31 ♌		F 31 ♏

♐ Schütze ♒ Wassermann ☽ zun. Mond ☾ abn. Mond Sommerzeiten nicht berücksichtigt
♑ Steinbock ♓ Fische ○ Vollmond ● Neumond

Januar	Februar	März
S 1 ♏	D 1 ♑	D 1 ♑
S 2 ♐	M 2 ♑	M 2 ♒
M 3 ♐ 1	D 3 ♒ ● 03.32	D 3 ♒
D 4 ♑ ● 10.04	F 4 ♒	F 4 ♓ ● 21.47
M 5 ♑	S 5 ♓	S 5 ♓
D 6 ♒	S 6 ♓	S 6 ♓
F 7 ♒	M 7 ♈ 6	M 7 ♈ 10
S 8 ♒	D 8 ♈	D 8 ♈
S 9 ♓	M 9 ♈	M 9 ♉
M 10 ♓ 2	D 10 ♉	D 10 ♉
D 11 ♈	F 11 ♉ ☽	F 11 ♉
M 12 ♈ ☽	S 12 ♊	S 12 ♊
D 13 ♈	S 13 ♊	S 13 ♊ ☽
F 14 ♉	M 14 ♊ 7	M 14 ♋ 11
S 15 ♉	D 15 ♋	D 15 ♋
S 16 ♊	M 16 ♋	M 16 ♌
M 17 ♊ 3	D 17 ♌	D 17 ♌
D 18 ♋	F 18 ♌ ○ 09.37	F 18 ♍
M 19 ♋ ○ 21.23	S 19 ♍	S 19 ♍ ○ 19.11
D 20 ♌	S 20 ♍	S 20 ♎
F 21 ♌	M 21 ♎ 8	M 21 ♎ 12
S 22 ♌	D 22 ♎	D 22 ♏
S 23 ♍	M 23 ♏	M 23 ♏
M 24 ♍ 4	D 24 ♏	D 24 ♐
D 25 ♎	F 25 ♐ ☾	F 25 ♐
M 26 ♎ ☾	S 26 ♐	S 26 ♐ ☾
D 27 ♏	S 27 ♑	S 27 ♑
F 28 ♏	M 28 ♑ 9	M 28 ♑ 13
S 29 ♐		D 29 ♒
S 30 ♐		M 30 ♒
M 31 ♑ 5		D 31 ♓

2011

♈ Widder ♊ Zwillinge ♌ Löwe ♎ Waage
♉ Stier ♋ Krebs ♍ Jungfrau ♏ Skorpion

April	KW	Mai	KW	Juni	KW
F 1 ♓		S 1 ♈		M 1 ♉ ● 22.04	
S 2 ♓		M 2 ♈	18	D 2 ♊	
S 3 ♈ ● 15.33		D 3 ♉ ● 07.52		F 3 ♊	
M 4 ♈	14	M 4 ♉		S 4 ♋	
D 5 ♈		D 5 ♊		S 5 ♋	
M 6 ♉		F 6 ♊		M 6 ♌	23
D 7 ♉		S 7 ♊		D 7 ♌	
F 8 ♊		S 8 ♋		M 8 ♍	
S 9 ♊		M 9 ♋	19	D 9 ♍ ☽	
S 10 ♋		D 10 ♌		F 10 ♎	
M 11 ♋ ☽	15	M 11 ♌		S 11 ♎	
D 12 ♋		D 12 ♍ ☽		S 12 ♎	
M 13 ♌		F 13 ♍		M 13 ♏ Pfingstmontag	24
D 14 ♌		S 14 ♎		D 14 ♏	
F 15 ♍		S 15 ♎		M 15 ♐ ○ 21.15	
S 16 ♍		M 16 ♏	20	D 16 ♐	
S 17 ♎		D 17 ♏ ○ 12.10		F 17 ♑	
M 18 ♎ ○ 03.45	16	M 18 ♐		S 18 ♑	
D 19 ♏		D 19 ♐		S 19 ♒	
M 20 ♏		F 20 ♑		M 20 ♒	25
D 21 ♐		S 21 ♑		D 21 ♓	
F 22 ♐ Karfreitag		S 22 ♑		M 22 ♓	
S 23 ♑		M 23 ♒	21	D 23 ♓ ☾	
S 24 ♑		D 24 ♒ ☾		F 24 ♈	
M 25 ♒ ☾ Ostermontag	17	M 25 ♓		S 25 ♈	
D 26 ♒		D 26 ♓		S 26 ♉	
M 27 ♒		F 27 ♓		M 27 ♉	26
D 28 ♓		S 28 ♈		D 28 ♉	
F 29 ♓		S 29 ♈		M 29 ♊	
S 30 ♈		M 30 ♉	22	D 30 ♊	
		D 31 ♉			

♐ Schütze ♒ Wassermann ☽ zun. Mond ☾ abn. Mond Sommerzeiten nicht
♑ Steinbock ♓ Fische ○ Vollmond ● Neumond berücksichtigt

Juli		August		September	
F 1 Krebs ● 09.55		M 1 Löwe Schweizer Nationalfeiertag	31	D 1 Waage	
S 2 Krebs		D 2 Jungfrau		F 2 Skorpion	
S 3 Löwe		M 3 Jungfrau		S 3 Skorpion	
M 4 Löwe	27	D 4 Waage		S 4 Schütze ☽	
D 5 Löwe		F 5 Waage		M 5 Schütze	36
M 6 Jungfrau		S 6 Skorpion ☽		D 6 Schütze	
D 7 Jungfrau		S 7 Skorpion		M 7 Steinbock	
F 8 Waage ☽		M 8 Schütze	32	D 8 Steinbock	
S 9 Waage		D 9 Schütze		F 9 Wassermann	
S 10 Skorpion		M 10 Steinbock		S 10 Wassermann	
M 11 Skorpion	28	D 11 Steinbock		S 11 Fische	
D 12 Schütze		F 12 Steinbock		M 12 Fische ○ 10.28	37
M 13 Schütze		S 13 Wassermann ○ 19.59		D 13 Fische	
D 14 Steinbock		S 14 Wassermann		M 14 Widder	
F 15 Steinbock ○ 07.41		M 15 Fische	33	D 15 Widder	
S 16 Wassermann		D 16 Fische		F 16 Stier	
S 17 Wassermann		M 17 Fische		S 17 Stier	
M 18 Wassermann	29	D 18 Widder		S 18 Stier	
D 19 Fische		F 19 Widder		M 19 Zwillinge	38
M 20 Fische		S 20 Stier		D 20 Zwillinge ☾	
D 21 Widder		S 21 Stier ☾		M 21 Krebs	
F 22 Widder		M 22 Stier	34	D 22 Krebs	
S 23 Widder ☾		D 23 Zwillinge		F 23 Krebs	
S 24 Stier		M 24 Zwillinge		S 24 Löwe	
M 25 Stier	30	D 25 Krebs		S 25 Löwe	
D 26 Zwillinge		F 26 Krebs		M 26 Jungfrau	39
M 27 Zwillinge		S 27 Löwe		D 27 Jungfrau ● 12.10	
D 28 Zwillinge		S 28 Löwe		M 28 Waage	
F 29 Krebs		M 29 Jungfrau ● 04.05	35	D 29 Waage	
S 30 Krebs ● 19.41		D 30 Jungfrau		F 30 Skorpion	
S 31 Löwe		M 31 Waage			

2011

Widder · Stier · Zwillinge · Krebs · Löwe · Jungfrau · Waage · Skorpion

Oktober		November		Dezember	
S 1 ♏		D 1 ♑		D 1 ♒	
S 2 ♐		M 2 ♒ ☽		F 2 ♓ ☽	
M 3 ♐	Tag der Dt. Einheit 40	D 3 ♒		S 3 ♓	
D 4 ♑ ☽		F 4 ♒		S 4 ♓	
M 5 ♑		S 5 ♓		M 5 ♈	49
D 6 ♒		S 6 ♓		D 6 ♈	
F 7 ♒		M 7 ♈	45	M 7 ♉	
S 8 ♒		D 8 ♈		D 8 ♉	
S 9 ♓		M 9 ♈		F 9 ♉	
M 10 ♓	41	D 10 ♉ ○ 21.17		S 10 ♊ ○ 15.37	
D 11 ♈		F 11 ♉		S 11 ♊	
M 12 ♈ ○ 03.07		S 12 ♊		M 12 ♋	50
D 13 ♈		S 13 ♊		D 13 ♋	
F 14 ♉		M 14 ♊	46	M 14 ♌	
S 15 ♉		D 15 ♋		D 15 ♌	
S 16 ♊		M 16 ♋		F 16 ♌	
M 17 ♊	42	D 17 ♌		S 17 ♍	
D 18 ♊		F 18 ♌ ☾		S 18 ♍ ☾	
M 19 ♋		S 19 ♍		M 19 ♎	51
D 20 ♋ ☾		S 20 ♍		D 20 ♎	
F 21 ♌		M 21 ♍	47	M 21 ♏	
S 22 ♌		D 22 ♎		D 22 ♏	
S 23 ♍		M 23 ♎		F 23 ♐	
M 24 ♍	43	D 24 ♏		S 24 ♐ ● 19.07	
D 25 ♎		F 25 ♏ ● 07.11		S 25 ♑	1. Weihnachtsfeiertag
M 26 ♎ ● 20.57	Österr. Nationalfeiertag	S 26 ♐		M 26 ♑	52
D 27 ♏		S 27 ♐		D 27 ♒	
F 28 ♏		M 28 ♑	48	M 28 ♒	
S 29 ♐		D 29 ♑		D 29 ♒	
S 30 ♐		M 30 ♒		F 30 ♓	
M 31 ♑	44			S 31 ♓	

♐ Schütze ♒ Wassermann ☽ zun. Mond ☾ abn. Mond Sommerzeiten nicht berücksichtigt

♑ Steinbock ♓ Fische ○ Vollmond ● Neumond

Register